Scrittori italiani e stranieri

Roberto Cotroneo

La cerimonia dell'addio

ROMANZO

MONDADORI

mondadori.it

La cerimonia dell'addio
di Roberto Cotroneo
Collezione Scrittori italiani e stranieri

ISBN 978-88-04-77897-4

I edizione settembre 2023

La cerimonia dell'addio

A Federica,
felice di tutte quelle peonie
a Saint-André des Arts

A Francesco e Andrea

Oggi il congedo è scritto. Un haiku dice: "In ogni benvenuto c'è sempre un addio". Ma è vero anche il contrario: in ogni addio c'è nascosto un benvenuto. Di sicuro, a uno spazio aperto, a un vuoto più ampio.

CHANDRA CANDIANI

1

Ho ripreso a parlare da sola da quando Amos se ne è andato. Lo facevo anche da bambina: dialogo con qualcuno che non so chi sia ma che mi ascolta. Da quando non c'è Amos, immagino che la persona a cui racconto le mie storie lo possa incontrare e riferirgli quello che dico.

Quando provo a dirmi che la solitudine è qualcosa di bello, torna sempre questa stanza lontana, alla fine di un corridoio, dove non posso entrare. Ora tutto là fuori è in ordine: Emma starà mettendo a letto Emanuele, prima di qualche sua cena con le amiche, Cecilia leggerà un libro, lei la sera legge sempre un libro, Francesco starà litigando con Giulia su una delle solite piccolezze che per Giulia sono sostanza, mentre Francesco è tutto meno che sostanza, anche quando dirige gli attori sembra che riesca a tenerli sospesi in aria. Alberto avrà il turno in ospedale e certo finirà tardi, ma prima di rientrare a casa si fermerà al Bar Colombo a cercare qualcuno con cui bere un bicchiere, tanto Irene non ci sarà. E Stefano? Stefano non lo so. Lo immagino appena, in quel palazzo che definisce con ironia "il mio lussuoso Spielberg". Ma ogni tanto gli arriva ancora la voce della donna che ha sposato e che nessuno di noi ha mai visto.

E la stanza in fondo? Quella chiusa? È la stanza dell'abbandono: è il mio sguardo a ritroso, è lo stallo in cui mi trovo, è questo mio restare ferma su un crinale dove la solitudine non conforta, perché è un abbandono feroce.

Eppure, non ci sono stanze chiuse nel mio appartamento. I muri non sono più così bianchi, gli oggetti invecchiano con me: i soffitti paiono ingialliti, gli infissi ormai curvi.

La sera illumino punti isolati del soggiorno. Le altre stanze raccolgono il chiarore che rimane. Sono le ombre a dirmi quello che è stato e quello che sono.

Dopo tutti questi anni vorrei scoprire se in un altro mondo lui mi sta aspettando. Dopo tanto parlare, dopo tanto interrogare e ricordare, ora so che niente è più silenzioso della memoria.

2

(1976)

«Hai freddo, Anna?»

«Molto, arriva un vento gelido da sotto la porta. Eppure le foglie degli alberi sono ferme.»

Amos si avvicinò: «Deve essere il peso della neve a non farle muovere. Guarda come sta venendo giù».

Il vento creava dei vortici con i fiocchi. Non scendevano dritti: si agitavano, si rincorrevano, si scontravano uno con l'altro, sembrava non volessero mai toccare terra.

«Te la ricordi la prima neve della tua vita?»

Amos ci pensò: «Sì, era una neve sul mare, a Viareggio. Guardavamo cadere i fiocchi sulla spiaggia».

Io morivo dal freddo e lui era in maniche di camicia.

«Anna, hai i brividi. Se vuoi questa sera non andiamo alla Mora.»

«Non so se me la sento» risposi, «restiamo a casa.»

«Va bene. Avverto Francesco...»

Continuavo a guardare fuori: «Ma secondo te quanto pesa la neve su quei rami?».

«Può anche spezzarli.»

Il ramo si spezzò la mattina dopo. Amos si era alzato prima di me: «Anna, preparo la colazione».

Uscì dalla stanza. Sentivo il rumore dei piatti e delle tazzine. Entrando in cucina lo vidi che guardava fuori dalla finestra.

«Non ha smesso per tutta la notte.»

La luce era abbagliante. Ogni oggetto aveva una luminescenza diversa, come se quel candore di neve fosse capace non soltanto di accendere ciò che c'era attorno a noi, ma di rivelare la vera sostanza di tutto. Lo spremiagrumi d'acciaio brillava come un corpo celeste. Il frigorifero bianco rifletteva un chiarore mistico. E anche il tavolo, che Amos aveva apparecchiato con cura, con le tovagliette americane, il servizio con i cesti di fiori stampati, i bicchieri colorati e i piatti con la riga blu cobalto, sembrava avvertirci della bellezza delle forme quando mostrano armonia.

«Ti senti meglio?»

«Non ho più freddo» risposi.

«Porto la colazione alle bambine. Sono già sveglie davanti alla finestra a guardare incantate.»

Emma e Cecilia entrarono in cucina. Cecilia mi saltò in braccio. Emma mi chiese che giochi potevamo fare con la neve.

«Un pupazzo» rispose Amos, mettendo le tazze e i biscotti sul vassoio. «E adesso le bimbe fanno colazione nella loro cameretta.»

Uscirono tutti e tre. Io guardai ancora fuori. Sentivo Amos, la voce di Emma, il rumore del tavolino basso spostato al centro della camera. La domenica era così. Le bimbe facevano colazione e giocavano nella loro stanza e Amos e io ci prendevamo un po' di tempo per noi.

«Sono felicissime. Hanno voluto le due sedie dallo stesso lato del tavolino, affiancate, per vedere la neve sui tetti. Dopo vado in libreria, bisogna spalarla dall'ingresso, sennò domani nessuno riesce a entrare.»

Pensai a due versi che mi aveva fatto leggere e non ricordavo bene. Due versi sulla neve.

«Com'era quella poesia sulla neve? Di quel poeta francese?»

Amos mi guardò mentre apriva la scatola dei Krumiri.

«Quella di Bonnefoy...»

«Te la ricordi?»

Sorrise: «Sia per te la grande neve il tutto, il nulla. Gli occhi ancora pieni dell'origine, le mani aggrappate solo alla luce».

Aveva una memoria formidabile.

«Sì, era questa.»

Amos ripeté l'ultimo verso: «Le mani aggrappate solo alla luce».

Entrambi guardammo fuori nello stesso momento. Era ricominciato a nevicare.

«Dopo colazione ci vestiamo e andiamo a camminare sulla neve. Io e te.»

Risi: «Sarebbe bello, ma le bambine le lasciamo a casa da sole? Potremmo andare tutti al mare. La neve sul mare non l'ho mai vista».

Non disse nulla. Chiuse due volte gli occhi, come se tutto quel bianco avesse preso a dargli fastidio: «È lontano il mare?».

«Come lontano?»

«È molto lontano il mare?»

Non capivo: «Cosa significa?».

«Ci vuole tanto tempo?»

«Per cosa?» chiesi.

«Per arrivare.»

Lo guardai negli occhi, ma lui non guardava me. Fissava il piano dei fornelli, alle mie spalle, come se non fossi seduta davanti a lui, come se mi attraversasse. Pensai che avesse qualche preoccupazione, che si fosse ricordato all'improvviso di un fatto di cui non mi aveva ancora parlato.

Risposi soltanto: «Diciamolo alle bambine. Saranno felicissime».

«È lontano il mare?»

Ripeté la domanda, ignorando le mie parole, ma la sua voce stava cambiando, era più alta, come se mi parlasse da un'altra stanza.

«Amos, stai bene?»

Cominciai a tremare. Non capivo cosa stesse accadendo.

Fino a pochi minuti prima mi aveva citato la poesia di Yves Bonnefoy, ed era tutto come sempre: la libreria era chiusa, Emma e Cecilia non andavano all'asilo, e c'era quel senso di pace che senti in città nell'ora dove nessuno ancora esce e le macchine sono rare.

Amos aveva smesso di mangiare i biscotti e di bere il caffè, seduto come uno scolaro che è stato rimproverato. Alzò gli occhi verso di me.

«Sì, portiamo al mare le bambine» disse. «Vuoi dell'altro caffè?»

Mi tranquillizzai: «Ma prima ti sentivi bene?».

«Prima quando?»

«Qualche minuto fa. Mi hai chiesto se il mare è lontano.»

«Lontano?»

«Mi sarò confusa» risposi.

In quel momento si alzò, e mi accorsi che era incerto sulle gambe, parevano fragili. Non sapeva dove andare.

«Vai dalle bambine?» chiesi.

«Le bambine?»

Credo di non essere riuscita neppure a urlare. Gli andai incontro, prendendolo per le spalle, lui fermo in mezzo alla cucina.

«Amos, cosa sta succedendo?»

«Amos?» rispose incerto.

Corsi al telefono dell'ingresso. Dovetti fare il numero di Alberto due volte. Non avevo la forza di girare la ghiera del telefono. La linea era libera. Amos mi guardava, nella luce bianca di quel mattino di novembre. Stava sulla porta.

«Alberto, devi venire subito.»

Non sapevo come spiegargli. Amos non mi riconosce più, non ci riconosce più, sembrava una frase senza senso. Dissi qualcosa in modo confuso: «Non è più lui». Poi, minacciata da un pericolo oscuro, aggiunsi: «Ti prego, puoi dire a Irene di prendere le bambine? Non voglio che rimangano qui». Alberto non era soltanto il nostro medico, era amico di Amos sin da quando erano ragazzi. E Irene era una terapista, una psicologa che si occupava di bambini e collaborava con il tribunale per i minorenni.

Arrivarono subito. Amos non riconobbe neanche loro. Vestii le bambine di fretta con le prime cose che trovavo. Entrando e uscendo dalla loro stanza vedevo Amos e Alberto in cucina. Alberto gli stava parlando, ma lui sembrava altrove, neanche lo guardava.

Appena le bambine furono pronte corsero dal padre per salutarlo ma si bloccarono quasi subito: avevano capito. Quello non era il loro papà, almeno in quel momento.

Dissi soltanto: «Amos, dobbiamo vestirci».

Non mi rispose.

«Amos» ripeté Alberto, «ti devi vestire.»

Lo aiutai con i pantaloni, abbottonai la camicia, gli feci indossare la giacca e mi piegai per allacciargli le scarpe.

Alberto stava cercando Rolando, un vecchio amico primario di neurologia, ma non rispondeva né a casa né in ospedale. Non sapevamo prendere una decisione: portarlo subito in pronto soccorso? O sperare che Rolando rispondesse e potesse venire? Alberto tornò in cucina da Amos, mentre io provavo di nuovo il numero dell'ospedale. Ci vollero dieci minuti.

«Amos? Arrivo immediatamente» disse Rolando.

Amos si alzò e andò in bagno, sentimmo l'acqua scorrere. Poi uscì e tornò al suo posto. Prese un biscotto e lo osservò come se non sapesse cosa farci, focalizzò sempre più lo sguardo e posò il biscotto. Guardò Alberto e poi me. Non avevo il coraggio di pronunciare il suo nome. Temevo che non rispondesse ancora una volta. Provai con una domanda: «Dimmi, come stai?».

Si voltò verso la finestra. Continuava a nevicare. Poi, rivolto ad Alberto: «Tu non dovresti essere in ospedale?».

«Amos, stai meglio?»

«Hai preso un caffè, Alberto?»

«Hai avuto un'amnesia, non ci riconoscevi. Neanche le bambine. Sta venendo Rolando.» Alberto e io tentammo di spiegargli cosa era successo, facendo attenzione a non allarmarlo troppo.

Amos rimase in silenzio, come gli avessi dato la notizia di una diagnosi infausta. Si sentiva in pericolo. Chiese ansioso: «Quando arriva Rolando?».

«A momenti» risposi.

«Volevamo andare al mare con le bambine. Dove sono le bambine?»

«Le ha prese Irene.»

«Sì, Irene. È giusto che sia stata Irene» rispose.

«Prima mi hai chiesto se il mare è lontano.»

«Io?»

«Sì.»

«Mi sembra lontano.»

«Ma non è lontano, tutte le volte che in questi anni ci siamo andati...» Non avevo il coraggio di aggiungere: "Non ricordi?".

Rolando trovò Amos seduto in cucina.

«Amos, cosa ci combini?»

In quella mezz'ora, dapprima a sbalzi incerti e poi con sempre maggior sicurezza, tornò tra noi. Ora sembrava l'Amos di sempre, anche se non del tutto.

Rolando osservò la pupilla, provò i riflessi, tastò dei punti del corpo. Gli chiese di leggere alcune righe del giornale che aveva con sé. Poi gli domandò i nomi delle persone di famiglia, ma anche di persone che conoscevamo poco.

«Ti ricordi come si chiama il nostro barbiere?»

«Giovanni» rispose Amos con sicurezza.

«Sembra vada bene, ora. Ma dobbiamo fare subito un elettroencefalo e una radiografia.»

Da quel momento fu un susseguirsi di eventi che riesco a mettere in ordine soltanto in parte. Già alla fine della mattinata avevamo le lastre e il tracciato del cervello. Rolando fece chiamare due colleghi del reparto e si chiusero nell'ufficio. Con loro c'era anche Alberto.

Amos era seduto nell'anticamera con uno sguardo che non gli avevo mai visto, neanche il giorno in cui era morto suo padre. Era il dolore di essere entrato in una zona cieca, un luogo in cui era messa in discussione quella sua forza, quella sua certezza di esserci sempre. Teneva le mani aggrappate ai braccioli come avesse paura di cadere: non accavallò le gambe, non sedette di tre quarti sulla sedia, non guardava quello che aveva attorno, sembrava non vedesse, da quanto erano fisse le sue pupille. Quando vidi abbassarsi la maniglia esterna dell'ufficio andai verso la porta.

Rolando ci invitò a entrare.

«Qui non c'è niente.»

«Quindi sto bene?»

«Da quello che vedo, sì.»

«Io mi sento bene.»

«Ma dobbiamo approfondire.»

«E dunque?»

«E dunque preferisco mandarvi a Roma da Malan. L'ho chiamato e vi aspetta.»

«Non voglio ricoverarmi in ospedale.»

«Non ti ricoveri. Malan e i suoi guardano le lastre, ti fanno altri esami e poi tornate. E vedrai che andrà tutto bene. Così tu e Anna vi fate anche una bella cena a Roma.»

Amos guardò Alberto: «Vieni anche tu?».

«Se ti fa stare più tranquillo...»

«Sì» rispose, quasi vergognandosi di quella debolezza.

Provai a scherzare: «Amos non vuole fare una cena romantica con me».

Lo scompartimento era tutto per noi. Alberto si sforzava di tenere una conversazione che ci riguardasse da vicino. Per capire se Amos fosse ancora lucido come il pomeriggio prima.

Era questa la nostra paura. Temevamo che da un momento all'altro potesse accadere ancora qualcosa nella sua mente.

«L'altroieri è stato Amos a portare Emma dal pediatra, vero?»

«Sì, con il papà non piange.»

Amos si irrigidì: «Parlate come in una commedia dell'assurdo: non è vero, Amos? Cosa ne pensi, Amos? Vero che con te non piange, Amos? Lo sappiamo tutti che Emma con me sta buona. Volete capire se mi ricordo le cose? Me le ricordo, sto bene per fortuna, per ora».

A un certo punto si alzò e uscì nel corridoio. Feci per seguirlo ma Alberto mi trattenne.

Mi venne una paura che mai avrei immaginato di provare nella mia esistenza. «E se arriva alla fine del vagone, gli risuccede e apre la porta con il treno in corsa?» dissi a bassa voce.

Arrivammo nel primo pomeriggio. Scendemmo all'Hotel City, in via dei Due Macelli. Avevo appena aperto la valigia quando Amos mi disse che avrebbe fatto due passi fino a Piazza di Spagna. Lo guardai smarrita.

«Anna, cosa vuoi che succeda. Sto bene.»

«Magari Alberto può farti compagnia.»

Mi sorrise, rassicurante: «Non preoccuparti, coraggio, non accade nulla, il tempo di una sigaretta e di due passi. Arrivo a Trinità dei Monti e torno».

«Ma vuoi...»

«Non voglio, non c'è bisogno.»

Passò mezz'ora. Uscii dalla stanza e bussai alla porta di Alberto.

«Amos è andato a fare una passeggiata.»

«Quando?»

«Mezz'ora fa. Verso Trinità dei Monti. Mi ha detto che fumava una sigaretta e tornava.»

«Andiamo a cercarlo?»

«Aspettiamo ancora un quarto d'ora.»

Fu un quarto d'ora di angoscia. Alberto era in piedi, io seduta sul letto, con le mani giunte, come pregassi.

Uscimmo a cercarlo: in via dei Due Macelli, in Piazza di Spagna, salimmo i gradini di Trinità dei Monti.

«Anna, meglio che torni in albergo, potrebbe essere lì ad aspettarci.»

Tornai, ma in albergo non c'era. Scesi e lo aspettai all'ingresso. Alberto chiamò due volte la reception da una cabina telefonica per avere notizie.

Aspettammo fino all'ora di cena. Gli era accaduto ancora: e forse stava vagando senza sapere neppure di trovarsi a Roma.

C'era una stazione dei carabinieri in piazza San Lorenzo in Lucina. Era iniziato a piovere. E poco dopo l'acqua diventò nevischio. Uno strato leggero imbiancava la strada.

Dai carabinieri mi sentivo goffa, inadeguata, invecchiata all'improvviso. Come fossero passati vent'anni da quelle parole di Amos: «Arrivo a Trinità dei Monti e torno...».

Denunciammo la scomparsa. Il carabiniere che scriveva mi domandò se avessi con me una foto di Amos. Non l'avevo.

«Non può procurarsela?»

Alberto chiamò Irene dal telefono del corridoio. Dovette spiegarle quel che era successo. L'avrebbe spedita con un invio espresso. Sarebbe arrivata in un giorno.

«Alberto, ma che foto devo mandarvi?»

«Quella nella cornice sul tavolino dell'ingresso, dove siamo noi quattro.»

Irene non riusciva più a parlare.

L'appuntamento con Malan sarebbe stato alle 18 di quello stesso giorno. Ma andammo nel suo studio il pomeriggio successivo. Lo informammo di quello che era accaduto. Malan era un omone bonario. Parlava con lentezza, ogni pausa tra due parole era a suo modo un'altra parola ancora. Per cui anche quando era in silenzio restavamo in ascolto. Non staccava gli occhi dal tracciato. Poi lo appoggiò e prese le lastre.

«Queste non dicono niente. Neanche servivano. Anche se, nel dubbio... E non c'è niente neanche nel tracciato.»

«Ma allora come è possibile che sia avvenuto quell'episodio?» azzardai.

Malan, in modo cortese: «Signora, la causa non è neurologica».

«Per cui» disse Alberto «non ci sono patologie.»

«Di tipo neurologico mi sento di escluderlo» rispose Malan.

Tornammo dai carabinieri il giorno dopo e poi ancora i giorni successivi. Era sempre il comandante a riceverci, stavano facendo il possibile. Anni dopo Alberto mi confessò che il comandante lo aveva avvertito: passati un paio di giorni, è molto probabile che le persone si ritrovino, ma non più in vita.

Però io non lo sapevo. Cercarono di convincermi a ripartire: «Deve tornare, per le sue figlie».

E Alberto, anche lui: «Dobbiamo tornare per Emma e Cecilia».

Era passata quasi una settimana.

Le bambine erano rimaste con Irene, telefonavo per la buonanotte, e ogni sera dovevo recitare una parte, ma ero una cattiva attrice.

Se Amos non avesse avuto la brutta abitudine di non portare con sé i documenti le cose sarebbero andate in maniera diversa. Anche quel pomeriggio a Roma era uscito senza la carta d'identità. Come potevano mai capire chi fosse?

Quando tornai a casa lasciai la valigia all'ingresso, senza aprirla. Era una di quelle che si usavano allora: in pelle, con le chiusure a scatto e il rinforzo di due cinghie con le fibbie. Pochi giorni prima di Natale la spostai nel ripostiglio, con quello che avevo messo dentro ripartendo da Roma: i miei vestiti, il suo abito di ricambio, il suo nécessaire per la barba, persino il profumo che mi aveva appena regalato.

3

Erano passati quasi due mesi dal giorno della sua scomparsa. Alla vigilia di Capodanno comprai un calendario di quelli da appendere al muro. C'erano fotografie di paesaggi: a gennaio una montagna della Terra del Fuoco, a febbraio il Machu Picchu in Perù, a marzo una foto aerea di Rio de Janeiro. Gli altri mesi non li guardai: non riuscivo a pensare un futuro troppo lontano, nemmeno se era solo la pagina di un calendario.

Lo appesi sopra una lavagnetta dove scrivevo la lista della spesa. Mi serviva per contare i giorni. Il 1° gennaio di quel 1977 scrissi "54", e poi continuai ad aggiornarli.

Una domenica di marzo passò Stefano. Come tutti i miei amici aveva conosciuto Amos molto prima di me. Stefano aveva una moglie malata di mente, che non avevamo mai incontrato.

Soltanto una volta, sulla spiaggia di Punta Rossa, Amos e io avevamo visto Stefano, lontano, assieme a una donna. Discutevano, parlavano, lei era furiosa, correva, si allontanava, lui cercava di trattenerla. A un certo punto erano caduti in acqua, vestiti.

Ricordo di aver chiesto ad Amos: «Ma quello non è Stefano?».

«Sì.»

«Lei è la moglie?»
«Sì...»
La donna aveva cominciato a gridare, lui l'aveva presa di peso e l'aveva portata via. Prima di lasciare la spiaggia, benché fossero molto lontani, avevo avuto la sensazione che Stefano ci avesse visti. Si era girato per un istante e poi aveva accelerato il passo come volesse scomparire.
Quel dramma faceva di Stefano un uomo franco, persino aggressivo, diretto, ma per nulla disponibile a parlare di sé. Una curiosa amicizia, un'amicizia parziale, quella che ci legava a lui, se mai può essere accettabile una definizione del genere. Ma ci abituammo subito ai suoi segreti e a una grande agiatezza che non esibiva, al palazzo antico dove abitava con la moglie e dove non eravamo mai stati.
Come fossimo diventati amici di un uomo così diverso da noi è spiegabile soltanto con la provincia: la provincia unisce le diversità, non permette di scegliere i propri simili, ma chiede a tutti uno sforzo in più. E forse è la cosa che più mi piace delle città piccole, dei paesi. Così Stefano, con i suoi cappotti eleganti, i modi affettati, quello sguardo profondo e scuro di chi non permette a nessuno di avvicinarsi veramente, era diventato un amico con cui abbiamo da sempre un'intimità distante.
Quel giorno che Stefano venne a trovarmi restò in piedi, come fosse sempre sul punto di andarsene. Guardò il mio calendario, con i numeri scritti dentro le caselle: ero arrivata a 119.
«Sono già passati 119 giorni?»

Non so quanto ci siamo davvero conosciuti Amos e io. Eppure so rispondere con esattezza alla domanda: dove vi siete incontrati? E poi a quella successiva: come vi siete incontrati? Sistemando un cassetto, dove di solito tengo bloc-notes, vecchie agende, quaderni di appunti con i conti di casa, ho trovato una scatola che neanche ricordavo. Una scatola grigia, come quelle per le scarpe. Dentro c'erano vecchie bollette pagate, ricevute di lavanderia, fogli volanti con liste della spesa, numeri di telefono, indirizzi. Erano tutte del periodo in cui Amos e io ci siamo conosciuti. In fondo alla scatola ho trovato un foglietto a quadretti, con i dentini strappati. C'era scritto: "Due primi, un secondo e un contorno, ¼ di vino". Poi: "2 caffè", sbarrati come a volerli cancellare. E una cifra: "1.200". L'avevo tenuto io quel foglietto. Era la nostra prima cena in un posto che lui conosceva: da Rosalba. Non esiste più da decenni.

Fu quella volta? E la volta di cosa? Ci si può innamorare nel tempo di una cena, quando si è molto giovani. Dopo credo sia diverso. Amos mi venne presentato un pomeriggio da Giulia e Francesco. Era un giorno come tanti, fu un incontro casuale, per strada: non c'era nulla di scritto, nulla di solenne. Si parlò del fatto che stava aprendo una libreria nei locali di una vecchia falegnameria. Aveva chiesto consiglio a Francesco su come organizzare gli spazi.

«Non sono uno scenografo, faccio il regista» gli aveva risposto Francesco. Promettendogli però di presentargli un amico che aveva curato la messa in scena del suo ultimo spettacolo.

Due giorni dopo, per caso, incontrai Amos in un negozio di elettrodomestici: aveva bisogno di una lavatrice. Mi riconobbe, si lasciò consigliare. Mi disse che era per suo padre. Poi, parlando, scoprii che conosceva anche Stefano e Alberto. Mi chiesi come mai non ci fossimo mai incontrati prima. Glielo feci notare, scherzando, e lui per tutta risposta mi propose di cenare assieme quella sera stessa, da Rosalba, appunto, che era proprio sotto casa sua.

Fu così. Lui mi piaceva. Aveva i suoi modi che imparavo a scoprire. Emma un giorno mi ha chiesto:

«Come vi siete fidanzati tu e papà?»

«Senza dircelo» le ho risposto.

E ho ripensato alla strada che portava al villaggio dei pescatori. Amos guidava la moto concentrato, perché sulla strada c'erano delle buche. I campi erano pieni di fiori.

«Che fiori sono?» mi chiese, ma io non sapevo che nome avessero.

«Pensavi che io conoscessi tutti i nomi dei fiori?»

Arrivammo che la spiaggia era deserta e il tempo si era guastato: la schiuma delle onde pareva più bianca sotto quel cielo grigio. Amos prese la macchina fotografica, mi disse di mettermi in posa.

«In posa dove?» chiesi.

«Verso il mare» disse, «più lontana. Cammina senza guardarmi.»

Quando sviluppò il rullino, era la foto più bella, anche perché mi si vedeva poco. La tenne lui, usandola come segnalibro. E adesso non so più dove si trovi. Ho cercato per tutti i volumi di casa, i suoi libri di poesia soprattutto.

Ci conoscevamo solo da otto mesi. Il matrimonio era stato di mercoledì, al palazzo comunale. Non avevo detto a nessuno che Amos era più giovane di me di un anno. Anche se in verità sembrava più adulto dei ventisette anni che aveva.

Mi ero comprata un vestito per nulla classico. Avevo deciso per un tailleur con una gonna ampia, di un beige chiaro. Ma osai molto mettendo un cappello a falda larga.

Lui indossava un abito scuro da cerimonia ed era più emozionato di me. C'era suo padre, da tempo ormai su una sedia a rotelle.

Fu mio nonno ad accompagnarmi fino alla sala del consiglio comunale dove si tenne la cerimonia.

Amos portava la kippah bianca. Ce l'ho ancora in un cassetto. Anche se era un rito civile, il sindaco lesse per noi dei versi dal *Cantico dei Cantici*.

Al mattino vedremo
Se la vigna è fiorita
Se gli acini sono spuntati
Se i melograni sono sbocciati.

Fu un viaggio di nozze breve, soltanto qualche giorno a Napoli. Avremmo aperto la libreria il 6 giugno, ed era ancora tutto per aria. Io avevo dato le dimissioni a scuola, avevo lasciato i miei allievi tre settimane prima della fine delle lezioni, ed ero diventata una libraia.

Al concorso della scuola ero arrivata seconda in graduatoria. La prima candidata decise per l'istituto di un paese vicino al luogo dove abitava. Avevo l'opportunità di scegliere il miglior liceo classico della città, e lo feci. Lo scalone che portava all'ufficio della preside mostrava una galleria di fotografie di personaggi importanti che si erano diplomati da noi. Alcuni erano stati ministri, altri filosofi, scrittori, e ancora celebri avvocati, diplomatici. Lo scalone monumentale di marmo diceva tutto di quel mondo. La preside mi assegnò una classe del ginnasio e una del liceo. Ero ancora una ragazzina e il mondo stava cambiando, ma quell'istituto fondato nel 1865 sembrava fermo da sempre. Durò poco, anche lì arrivò la contestazione e fu più radicale che altrove.

Quando poi tornai a salire la scala monumentale per consegnare le dimissioni alla preside ero ancora incerta. Mi chiedevo se non si potessero fare entrambe le cose: con Amos il pomeriggio in libreria, e la mattina il mio lavoro da insegnante. Ma quello era un tempo di scelte totali: volevo condividere quel progetto, quell'idea. Restare nella scuola significava avere due vite separate. Mai avrei immaginato che la sorte mi avrebbe portato proprio a questo: a pensare una vita sua e una mia, lontana da lui.

Quando uscii dall'edificio, dopo aver dato le dimissioni, vidi una scritta sul muro della facciata accanto all'ingresso. Diceva, a caratteri rossi, in stampatello: DIFENDI IL TUO SOGNO! Lo lessi come un augurio.

Eppure, in quelle notti sognavo la mia aula stretta e lunga, con i banchi ancora di legno. Qualche tempo dopo, Amos mi raccontò che nella stanza dell'albergo di Napoli avevo pianto nel sonno. Non mi aveva svegliato, non aveva voluto sapere il perché, ma io piangevo per gli studenti che non avrei più avuto.

Quella mattina ero tornata in albergo poco dopo che eravamo usciti: avevo dimenticato l'anello di mia madre.

4

Aprimmo la libreria di sabato. Tre grandi locali con cinque vetrine. In quella zona della città, a ridosso del centro storico, c'erano pochi negozi. Amos aveva scelto un'insegna bianca. La chiamammo "Libreria Minerva". Aveva deciso lui, ricordando un passo delle *Metamorfosi* di Ovidio.

La mattina dell'inaugurazione, Amos lasciò un pacchetto sul bancone, vicino alla cassa. Non me ne accorsi per buona parte della giornata, ma lui aspettò. C'era Francesco con noi. Altre tre o quattro persone, che conoscevamo meno, erano entrate incuriosite. Amos aveva stappato una bottiglia: bevemmo un bicchiere aspettando altri clienti. Ne entrarono pochi, eccetto gli amici che ci venivano a salutare.

Nel pomeriggio vendemmo il primo libro a un uomo che pareva avere molta fretta: chiese se avevamo una copia de *La pentola dell'oro* di James Stephens. Pagò e uscì. Fu in quel momento che mi accorsi del pacchetto. Dentro c'era un anello d'oro, con un rubino rettangolare. Era appartenuto a sua nonna paterna. L'ho portato poche volte, e dopo che Amos è scomparso non l'ho più messo. Non so a chi lascerò quel rubino, forse a Cecilia, perché Emma avrà l'orologio di suo padre.

Dovevamo farci conoscere. Amos stava più sulla porta che nel negozio. In piedi, con la sua sigaretta, attaccava discorso con quelli che passavano. Io rimanevo dentro. Lui, con quel caldo che faceva, gesticolava animatamente, e lo vedevo indicare l'interno: era uno spettacolo di mimi. Spiegava che avevamo aperto, che era una nuova libreria, che sarebbe stato bello entrassero a vedere. Non sentivo una parola di quel che dicevano ma dai gesti potevo capire. Qualcuno entrava e comprava anche un libro. Ma la maggior parte dei passanti salutava in modo cortese e si riprometteva di tornare con calma.

«Amos, ci vuole tempo.»

«Abbiamo aperto da più di un mese, vendiamo ancora troppo poco.»

A me quel tempo provvisorio piaceva. Somigliava all'inizio di un cammino.

Emma e Cecilia sono nate entrambe nel segno del Toro. Io non ho mai letto un oroscopo in tutta la mia vita, ma Stefano, che è un appassionato di astrologia, mi ha sempre detto che i bambini del Toro sono buoni, dormono la notte e non fanno capricci. Emma è stata proprio il contrario. Era il 30 aprile del 1972 quando nacque, dopo un giorno di travaglio. Ero sfinita: pesava quattro chili, era molto per una bambina, e si pensò a un parto cesareo, perché all'inizio era podalica. Amos non entrò in sala parto e non assistette alla nascita di sua figlia. A quei tempi gli uomini restavano fuori.

Emma venne al mondo con gli occhi aperti e il suo urlo fu deciso, netto. Pensai subito: sarà una donna di carattere come suo padre, e non mi sbagliavo. Emma non ci fece dormire per due anni. Ancora oggi so che posso chiamarla in piena notte, lei non dorme mai. Con Cecilia fu diverso: il travaglio breve, il parto rapido. Il primo vagito sembrava quello di un gatto. Erano le tre del pomeriggio del 2 maggio. E per anni ho dovuto organizzare due feste a distanza di un paio di giorni perché l'idea di unire i loro compleanni fu presa da Emma come un affronto. Ma questo accadeva quando erano già ragazzine e Amos non c'era più. Quando erano ancora molto piccole organizzavamo una sola festa per il sabato successivo ai loro compleanni.

Cecilia si addormentava ovunque, ancora oggi è metodica, non va mai a dormire tardi, e ha un carattere mite. Ma è permalosa, si offende per delle sciocchezze, e neanche te lo dice. Però Cecilia ha la pazienza che serve a una libraia. Emma non potrebbe mai: è sempre eccessiva in tutto quello che fa.

Alberto mi aveva fatto partorire in una clinica perché il primario era suo amico. Sembrava un albergo. Amos telefonava a tutti e li invitava a vedere la bambina. Io, sfranta e stanca, lo pregavo di non chiamare mezza città per celebrare la nascita della sua prima figlia: si poteva aspettare il giorno dopo. Ma non ci fu verso. Quel giorno Amos mi regalò delle rose gialle e un libro di poesie.

«L'hai preso dalla libreria, così facevi prima?» gli chiesi ridendo.

E lui mi indicò il dorso in pelle del volume: «Non vedi che è antico?».

Erano i *Canti orfici* di Dino Campana, con una bella rilegatura in pelle verde, e autore e titolo in oro. La tengo ancora con me, ma non c'è una sua dedica. Amos non scriveva dediche sui libri. Quella pagina rimasta bianca, prima del frontespizio, mi ferisce ancora. Perché non scrisse nulla? Anche sui libri riescono a mancarmi le parole che non mi ha mai detto.

Per Cecilia mi regalò un orologio d'oro che perdetti un pomeriggio che eravamo usciti con Emma nel passeggino e Cecilia nella carrozzina. Si sganciò il cinturino e non lo ritrovai più.

Mi sentii in colpa, come fossi stata io a volerlo perdere. Oggi non mi è rimasta neppure la sua fede. Riguardo alla mia, con il suo nome inciso, quella non l'ho mai tolta dal giorno del matrimonio. E per fortuna non ho avuto neppure la necessità di farla allargare.

Ma ci ho pensato. Perché non dissi ai carabinieri che Amos portava una fede, e che all'interno della fede c'era il mio nome e la data di matrimonio? Non poteva essere un modo per risalire a me? Cercando l'identità di una persona che quel giorno si era sposata con una certa Anna?

«In tutta Italia?»

«Non lo so, Alberto. Dici che non è così?»

«Non credo sia così.»

«Però nella denuncia di scomparsa c'è il mio nome.»

«Non basta un anello, e neppure una data. Magari fosse così semplice.»

Quando nacque Cecilia, Amos non chiamò tutti gli amici. Quando nacque Cecilia, proprio un anno dopo Emma, Amos era più triste. Suo padre era morto da sei mesi. Era come si fosse chiuso un periodo della sua vita. Cosa si stava rimproverando?

Nelle sere più malinconiche, quando scende il buio, vado in camera da letto, mi metto sotto le coperte a luci spente e cerco di risentire quelle ultime parole di Roma: "Non voglio, non c'è bisogno...".

Guardare le onde significa aspettare che vengano a morire, assorbite dalla sabbia. O finiscano per infrangersi contro le scogliere in mille gocce d'acqua e schiuma.

Poi, invece, ci sono onde che non arriveranno mai a riva. Quando le correnti si incrociano e i venti hanno direzioni diverse, le onde si rompono al largo, evaporano, sprofondano prima che sia il tempo, scompaiono negli abissi senza terminare il loro cammino. È quello che è accaduto alla sorella di Amos. A Myriam. Lei era una bambina dotata, una musicista. Il padre era un appassionato e da giovane aveva suonato il vibrafono. Volle che i figli avessero un'educazione musicale. Con Amos non gli riuscì. Gli fece prendere alcune lezioni di pianoforte, ma il maestro disse che non era portato. Con Myriam fu diverso, da bambina cominciò con il violino e poi passò al violoncello. Dopo un anno la maestra di musica le consigliò il conservatorio perché mostrava un grande talento.

Sarebbe diventata una concertista, ripetevano tutti, ma si dice sempre così, specie quando le cose si spezzano in quel modo. Eppure nel suo caso era vero. Terminati gli studi, due mesi prima di scoprire la malattia, aveva eseguito la *Sonata per pianoforte e violoncello* di Rachmaninov con un giovane pianista con cui aveva stretto amicizia: si chiamava Dino Ciani. Amos era con il padre, in prima fila, ad ascoltarla. Tutti pensavano che sarebbe stato l'inizio di una bella carriera. Invece era la fine.

Ma Amos parlava il meno possibile della sorella. Era geloso dei suoi ricordi. Non amava che gli facessi domande. Prometteva sempre che un giorno mi avrebbe detto, che un giorno mi avrebbe raccontato. Ma quel giorno, sempre che avesse intenzione di farlo davvero, non arrivò. Ne arrivò un altro, quello della sua scomparsa, quello di una memoria sospesa e cancellata. E allora le sue porte segrete si chiusero, lasciandomi sola e senza appigli. Così, anni dopo, quando sua cugina Susanna venne a trovarmi in libreria, fu a lei che domandai di Myriam.

«Avevamo la stessa età. Siamo cresciute assieme. Amos era più piccolo, ma da ragazzino era spavaldo e prepotente. Così io e Myriam ci difendevamo a vicenda. Avrei fatto qualsiasi cosa per lei, aveva una personalità che persino Amos subiva, anche se non lo dava a vedere. Poi cominciò a studiare musica e tutto cambiò: sembrava fosse nata per quello. Lo sguardo era diverso, il modo di camminare, anche il modo di parlare. Si lasciò crescere i capelli: erano lisci, lunghi, di un nero brillante. Avrei dato tutto per avere dei capelli come i suoi perché i miei erano ricci e disordinati. Come dire, ho assistito alla nascita di una sorta di divinità. Non erano solo il carisma e la bellezza, era la consapevolezza del suo stare nel mondo. Ma questo lo so oggi. Questo lo capisco adesso, alla mia età. Ero poco più di una bambina, allora. E io e lei ci stavamo allontanando. Assistevo a questa separazione senza neppure capire il motivo. Perché in casa nostra, della famiglia di Amos, come posso dirti, non si parlava molto. Poi è arrivata la malattia. La cosa più dolorosa è stata che con Amos non sono mai riuscita a parlare. Erano molto legati, Myriam e Amos. E io temevo che lui non avrebbe retto.»

Dissi soltanto: «Sì, lui e Myriam erano molto legati», ma in realtà non lo sapevo, come non sapevo troppe cose del suo passato.

Solo una notte, Amos mi aveva parlato di Myriam.

«Quando ero bambino e giocavo a nascondino con mia sorella, andavo in angoli della casa che credevo di conoscere soltanto io. Il mio sogno era diventare invisibile, come in un fumetto dove c'era un personaggio che sapeva scomparire e in quel modo si salvava sempre da situazioni pericolose. Così avevo inventato una mia parola magica. Mi convincevo che pronunciandola sarei diventato invisibile. La parola era "hod". In quel modo Myriam non mi avrebbe mai trovato. E invece mi trovava sempre. Poi, quando si ammalò, non voleva che la vedessi. Le facevo le iniezioni, avevo dovuto imparare perché mio padre non ci riusciva, e di mia madre non ci si poteva fidare. E così un giorno, mentre preparavo la siringa, lei mi sorrise e mi disse: "Hod". Rimasi di sasso. "Voglio sparire, non voglio che mi vedi in questo modo". E ripeté "hod" molte volte mentre le facevo l'iniezione per calmarle i dolori.»

Il padre di Amos è morto da anni, ormai. La casa dietro la chiesa di Sant'Agnese è stata venduta e ha cambiato proprietà molte volte, credo che non siano rimasti più neppure i fantasmi, di quel tempo. Ogni ricordo, anziché rendermi Amos più vicino, lo allontana: diventa sempre più straniero.

Però una foto di Myriam, almeno di lei, l'avrei voluta. La cugina Susanna mi aveva detto che Cecilia le somiglia.

Ho guardato Cecilia. Ho pensato che la somiglianza, quella vera, non è nei lineamenti, ma è nell'espressione degli occhi.

Ho mandato una lettera a Susanna. Le ho chiesto se potevo avere una fotografia di Myriam. Dopo circa un mese mi è arrivata una busta. Dentro c'era un'immagine a colori di piccolo formato.

È stata scattata in un giardino. Ci sono due panchine e degli alberi sullo sfondo. In primo piano due ragazzi, e al centro una ragazza alta quanto loro. È Myriam, porta i capelli sciolti sulle spalle, quei capelli bellissimi di cui parlava Susanna, e sorride: indossa un maglioncino nero e una gonna a matita sotto il ginocchio, a quadrettini. Anche io avevo una gonna molto simile da ragazza. Dietro la foto c'è una data: 14 agosto 1955.

Avrei voluto che nella fotografia ci fosse anche Amos. Per vedere la sua espressione accanto alla sorella.

Sono andata in libreria e ho mostrato la foto a Cecilia: «La ragazza è tua zia Myriam».

«Dovrei somigliarle?» Poi, avvicinandola meglio: «Non mi sembra... Ha il naso di Emma. Dove l'hai trovata?».

«Me la sono fatta spedire.»

«È morta giovane, vero?»

«A vent'anni.»

Ho mostrato quella fotografia anche ad Alberto: «Non l'ho mai conosciuta. Con Amos ci siamo incontrati la prima volta nell'estate del 1962, Myriam era morta da due anni. C'era un circolo appena fuori dal vialone, con quattro campi da tennis, e fuori dal bar, vicino agli spogliatoi, avevano messo un juke-box. Mi ricordo che ascoltavano tutti lo stesso disco. Erano gli anni di Adriano Celentano, e si sentiva *Pregherò*. Amos era diverso dagli altri: portava sempre dei pantaloni bianchi che sembravano lavati e stirati un minuto prima, e i mocassini chiari. Metteva la mano in tasca, prendeva la monetina. E sceglieva il suo disco: *Diana* di Paul Anka».

«E lo hai conosciuto così? Ascoltando Paul Anka?»
«Quella era l'estate del mio esame di maturità. Ero preso dal mio trasferimento a Bologna. Mi ero iscritto a medicina. Con mio padre che fino all'ultimo voleva farmi cambiare idea. Mi voleva avvocato.»
«Poi quel giorno arriva uno sconosciuto...»
«Nessuno di noi lo aveva mai visto. Ci conoscevamo tutti, giocavamo a tennis assieme, c'erano le ragazze, eravamo un gruppo. Arriva questo che sembra ne sappia molto più di noi. Vestiva in quel modo, come dirti, bello. Sapeva di dopobarba. Mi ricordo che fumava delle sigarette ovali: le Turmac. Aveva la nostra età, ma sembrava aver girato molto più di noi, visto più cose.»
«E come lo hai avvicinato?»
«Dissi solo che mi piaceva Paul Anka e che finalmente si sentiva qualcosa di diverso da Adriano Celentano.»
«E lui?»
«Non ricordo cosa rispose. Ricordo però che le ragazze del nostro gruppo erano attratte da Amos. E questo lo rendeva antipatico a tutti i ragazzi. Finché...»
«Finché?»
«Finché non si è presentato un pomeriggio con una ragazza che aveva tutta l'aria di essere la sua fidanzata. Era alta, bionda, vestita all'ultima moda, come si diceva allora. I ragazzi lo invidiavano, le ragazze erano infastidite da quella lì.»
«Forse Amos me ne aveva parlato. Si chiamava Pinuccia?»
«No, Pinuccia era un'altra. Pinuccia la ricordo bene: era la figlia di Mario, quello del cinema Astra. No, questa mi sembra che non avesse neppure un nome italiano. O comunque una cosa esotica: tipo Gea.»
«E com'era?»
«Chi?»
«Questa Gea.»
«Una che non dava confidenza. Quando c'era lei, Amos stava in disparte.»

«E quando siete diventati amici?»

«Non subito, io sono partito per Bologna e l'ho rivisto tempo dopo, mi ha presentato Irene che, lo sai, in quel periodo stava con lui. Ci si vedeva al Caffè Roma.»

Nei mesi dopo la sua scomparsa, nonostante un tempo inclemente, avevo preso a camminare per la spiaggia della Pinetina. Lasciavo le bambine a Caterina, la donna che se ne prendeva cura nelle ore di apertura della libreria, e salivo su un bus che partiva alle 13.30, ci metteva una ventina di minuti e mi lasciava di fronte a uno stabilimento che si chiama Lucky Star. Esiste ancora. Lì, a gennaio, tolgono gli ombrelloni e resta soltanto la sabbia.

Speravo di incontrare Amos. Quando si dice "dopo la scomparsa del marito è impazzita", si intende questo. L'ultima volta che presi il bus per andare alla spiaggia della Pinetina era febbraio: un mare bellissimo in un cielo di bronzo. Camminai per un po', e mi fermai a guardare la striscia lasciata dalle gomme di una bicicletta. Per un breve tratto andava dritta. Seguii la traccia, standole accanto: cominciava a curvare, tornava indietro, per poi riprendere dritta e scomparire all'improvviso. Mi fermai nel punto dove non c'era più e cominciò a piovere. Non solo non potevo continuare quella strada indicata dalla sabbia, ma la pioggia stava cancellando anche i segni che avevo seguito fino a quel momento. D'un tratto ero senza futuro e senza passato.

"È solo l'universo che fa il suo mestiere" mi dissi.

In questi anni sono andata raramente alla Pinetina. Ma Emma è affezionata a quel mare perché un'estate avevamo preso una casa in affitto, proprio dietro le dune. Con Emma a volte passo davanti a quella casa: una sorta di cubo bianco con gli avvolgibili grigio chiaro e una scala esterna che porta alla terrazza. Sembra abbandonata. Il giardino davanti è invaso dalla sabbia, e le poche piante sono secche.

Ci sono cose che non sono più riuscita a fare: sembrano appartenerti, paiono azioni abituali della tua vita, ma non è così. Sono abitudini che si formano perché le dividi con qualcuno, e se lui non c'è più, tornano estranee, lontane. Mi sono mancate le spiagge di notte? I finestrini abbassati per le strade di campagna? Ho perso questi gesti e le parole che li accompagnavano.

Mi ripeto ogni giorno, con la disperazione di chi ha perso un anello sul fondo del mare: devo cercarlo, ovunque mi arrivi un segno. Ma resterò in questo terrore segreto, tra due inaccessibili dolori. Nulla si avvicina davvero e nulla se ne va per sempre.

5

In città erano arrivate le giostre. Allora li chiamavamo "baracconi". Cecilia piangeva perché aveva paura della musica troppo forte. Emma era raggiante. C'erano il tiro a segno, le montagne russe, e in fondo alla piazza, isolata dalle altre, vedemmo la giostra più bella di tutte: antica, con i cavalli di legno dipinti, mille lampadine colorate, e la musica di una vecchia canzone: *Smoke Gets in Your Eyes*. La cantavano i Platters.

Era una strana ora d'estate: quando le luci artificiali si mescolano con quelle del crepuscolo, dando un effetto irreale. Cecilia non era salita sulla giostra. Emma aveva quattro anni, stava in groppa al cavallo, abbracciata al suo collo. Era molto emozionata: lo vedevo dagli occhi, ancora più luminosi del solito. Era così carina con il nuovo vestitino blu, quello che le avevamo comperato proprio il giorno prima e di cui andava fiera. Possibile che Emma non lo ricordi?

L'anno dopo tornammo alle giostre. Vennero anche Alberto e Irene. Amos non c'era più.

Cecilia voleva un pesce rosso. Emma aveva detto a Cecilia che i pesci si devono vincere, e se lei non fosse stata capace di far entrare la pallina da ping-pong nel vaso con il pesce rosso, mamma non lo poteva di certo comprare. Cecilia era preoccupata di non riuscirci e per strada ci aveva chiesto se fosse davvero così difficile.

«Il pesce è vivo, non te lo danno se non sei brava» le ripeteva Emma, dispettosa.

Le avevamo risposto che ci sarebbe riuscita, di sicuro. Ma anche gli adulti devono provare molte volte perché non è facile. Le palline rimbalzano da un bordo all'altro ma poi finisce che non entrano. Al gioco dei pesci rossi c'erano tanti bambini. Cecilia quasi non respirava per l'emozione.

«Papà è bravissimo a vincere i pesci rossi» disse Emma.

«Come fai a saperlo?» le chiese Cecilia.

Per fortuna si aprì un varco e Cecilia, che si era intristita alle parole di sua sorella, era ancora più impaurita. Il giostraio ci diede tre palline.

«Vuoi lanciarle tutte tu?»

«Sì» rispose Cecilia, mentre Emma fingeva di non essere interessata e chiedeva lo zucchero filato.

Cecilia lanciò la prima pallina: fece quattro rimbalzi sui bordi dei vasetti, poi al quinto finì dentro quello con il pesce più grande.

Cecilia accennò un applauso a sé stessa, era felice, mentre Emma piantò un capriccio sullo zucchero filato per distrarci dalla prodezza della sorella. Le altre due palline neanche le tirammo. Cecilia era soddisfatta.

«Sono stata più brava di papà? Glielo diciamo quando torna?»

«Mamma, te lo ricordi il primo Natale senza papà?»

«Voi non potete ricordarlo. Tu, Emma, avevi quattro anni, e tua sorella tre.»

«Lo ricordo, anche se ero piccola: avevi apparecchiato anche per papà.»

«Il primo Natale non ero in grado neppure di preparare la tavola. Sono venuti Francesco e Giulia, Alberto con Irene, forse c'era anche Stefano. Anche la mamma di Giulia. E, comunque, immaginate questo: vostro padre torna proprio la sera di Natale, arriva nella sua casa, dove sua moglie, le sue figlie, i suoi amici sono seduti a tavola, e il suo posto non c'è. E cosa avrebbe pensato? Se aggiungevo quel posto magari accadeva che si presentava alla porta. Cosa volete che fosse un posto in più.»

«Però lo avevi messo a capotavola.»

«Si è sempre seduto a capotavola.»

Dopo quel Natale cambiò tutto. Amos era bravo nel celebrare le feste, mentre nella mia famiglia non c'era tutta questa attenzione. Mia madre era sbrigativa, mio nonno troppo stanco e disilluso. Invece Amos aveva una serie di rituali che divertivano molto le bambine. Non si vestiva da Babbo Natale, ma faceva trovare i regali attraverso una specie di gioco, e poi era attento alla cena, cucinava lui. La casa era tutta una festa.

Ci ho provato. Ho fatto l'albero senza capire bene l'equilibrio tra le palle e i festoni, ho messo le luci, ho dato alla casa una parvenza di atmosfera, ma c'era qualcosa che mancava sempre: i dettagli di Amos. Da noi venivano tutti gli amici, con i loro parenti: Francesco con la madre, Giulia con i genitori, Alberto portava la sorella. Stefano passava sul tardi e si fermava con noi, sempre da solo. Ogni anno si aggiungeva qualcuno.

Poi, dopo la scomparsa di Amos, cominciarono le defezioni, ogni anno veniva qualcuno in meno. Finì che restammo soltanto noi tre. Le ragazze erano malinconiche. Perché avevo lasciato andare le cose?

Avevo vissuto con Emma e Cecilia l'infanzia. Quel loro mondo bambino era diventato anche il mio. Avevo, idealmente, aggiunto un mio letto nella loro cameretta. Ed ero io ad accovacciarmi per restare alla loro altezza, mentre loro diventavano più grandi e imparavano a tenermi compagnia.

Come dire a Emma e a Cecilia che il padre non ritornava?

E non perché qualcuno se lo era portato in cielo: un mago, un dio, un angelo. In che modo avrei spiegato loro quello che non capivo neppure io? Sono tante le cose del mondo che non sappiamo, ma quelle che non capiamo sono un giocattolo rotto, che si vorrebbe aggiustare senza possedere tutti i pezzi.

Quanti pezzi mancavano? Potevo immaginare molte risposte e non potevo dirne nessuna. Immaginare che Amos, persa ancora una volta la memoria, fosse finito nel Tevere e non l'avessero mai più ritrovato. Oppure sì, ma irriconoscibile, dopo mesi, senza documenti. O ancora poteva essere andato a cercare qualcosa che solo lui conosceva, qualcosa di suo, magari in un monastero. Cambiando nome e pregando ogni giorno per noi, lui che era ateo. La terza possibilità era che vivesse assieme a un'altra donna, che forse esisteva da prima. Ma se fosse, perché non dirmelo? Lasciarmi in questa attesa di anni?

Ma all'inizio cosa potevo raccontare alle bambine? Papà era partito per un lungo viaggio di lavoro, in un posto così lontano che neanche il telefono e le lettere e i telegrammi potevano arrivare. Fu la prima cosa che dissi. Potevano sopportarla? Non potevano sopportarla, ma non avevo le parole, non avevo i mezzi per confortarle. Non sapevo elaborare il mio lutto, e neppure il loro.

Ho vissuto in quella terra di mezzo per qualche anno. Il viaggio fino ai confini del mondo per loro era una consolazione, c'erano montagne altissime, e uomini che nessuno aveva mai visto prima pronti a trafiggerlo con frecce avvelenate, e sovrani vestiti d'oro che lo avevano imprigionato e lo avrebbero liberato soltanto se Amos fosse stato capace di rispondere a una domanda molto difficile. «E papà sa rispondere sempre perché ha letto tanti libri.» E si era rimesso ancora in viaggio, e doveva attraversare un grande mare. «Lo sta facendo per salvare il mondo.» E Cecilia, meno eroica della sorella: «E a noi chi ci salva?».

Poi venne il tempo del silenzio. Non erano abbastanza grandi perché potessi parlare a loro. E non erano più così piccole da credere ai Gran Visir orientali che convocavano Amos e gli chiedevano la parola d'ordine, per lasciarlo attraversare le steppe mongole fino al Mar della Cina. In quel silenzio non sono stata brava. In quella nuova terra di mezzo, non sono riuscita a rassicurarle. Cecilia aveva otto anni quando a tavola mi chiese, d'improvviso:

«Papà è morto, vero?»

Non risposi. Dando così il tempo a Emma di aggiungere: «Papà è morto e tu non ce lo dici».

Fu così che cominciai a raccontare la vera storia. Di volta in volta aggiungevo dettagli. La memoria perduta, il viaggio a Roma, l'attesa di tutti noi. E per mesi mi fecero ogni giorno le stesse domande. «Perché non lo cerchiamo? Perché non andiamo a Roma?» Da quel momento cominciò un processo che Irene mi aveva descritto prima ancora che accadesse. Ci siamo protette a vicenda, tutte e tre nello stesso dolore.

I nostri amici ci sono stati sempre vicini. Quando ci invitavano le domeniche in campagna, riguardo a Emma e Cecilia commentavano: «Non vedi che stanno meglio?».

Era vero: ero riuscita a dar loro una qualche serenità. Non potevano restare imprigionate. Se i pezzi mancavano per ricostruire la nostra vita di ogni giorno, e non potevo più inventarli come quando erano piccole, dovevo ricostruire quel gioco con ciò che mi restava.

Non ci volle troppo tempo perché le domande sul padre cessassero. E avrei poi capito la ragione. Avevano trovato un loro equilibrio attraverso un piccolo segreto.

Emma era in terza elementare, doveva essere il 1981, e la maestra mi mandò a chiamare. Era una ragazza giovane, arrivata da un paio di anni. Ci vedemmo nella saletta dove si riunivano gli insegnanti. Aveva con sé una cartellina. Mi invitò a sedermi e mi avvertì che non era accaduto niente di brutto, che Emma era una bimba vivace, generosa con i compagni, che il suo profitto era buono. Poi aprì la cartellina e mi mostrò una tavola. Era una mappa, oggi diremmo, un grafico. Sopra c'erano disegnate delle linee e delle frecce con un titolo: TEMPO. Le frecce andavano da una parola a un'altra. Le parole erano: "presente", "passato", "futuro". C'era un'iconcina del mare, con una barchetta in fondo, e dei libri che certo significavano la libreria, e poi il disegno di una porta, con la scritta: NON APRIRE. E infine tanti orologi che segnavano tutti la stessa ora.

«Degli orologi e del tempo abbiamo parlato in classe. I disegni sono molto belli, l'ho elogiata davanti a tutti. Ma poi mi è venuto un dubbio. Quando ho chiesto a Emma cosa significhi la porta che sta proprio al centro, lei mi ha risposto che da quella porta non torna più il suo papà. E allora volevo parlarne con lei. Se c'è qualcosa che possiamo fare.»

Guardai la porta che Emma aveva disegnato.

«Ne parla anche a casa?»

Risposi di no.

«Magari lo fa con la sorella.»

«Non credo.»

«Se vuole possiamo far aiutare la bambina dalla psicologa.»

Non le raccontai che il gioco del tempo lo facevamo spesso, anche con Cecilia. Le bambine avevano ricevuto in regalo da Irene e Alberto una lavagna simile a quelle delle aule di scuola, ma più piccola, con i quadretti. Avevamo gessetti di ogni colore. Ognuna di noi tre ricordava qualcosa di bello e provava a disegnarlo. Ad esempio: la prima volta che eravamo andate a mangiare la pizza, il mare d'estate, lo slittino sulla neve, il cartone animato del *Libro della giungla* di Walt Disney al cinema. Per lo slittino c'era il disegno della montagna, per *Il libro della giungla* l'elefante e il colonnello Hathi, il mare aveva la barchetta. Con questi disegni sulla lavagna inventavamo nuove storie, partendo dai ricordi. Ma non c'era mai una porta chiusa, con scritto NON APRIRE.

Emma aveva riprodotto a scuola il nostro gioco di casa: il gioco del tempo. Ma aveva aggiunto la porta.

Risposi alla giovane maestra che avrei cercato di capire. Lei annuì soddisfatta, ribadendomi che se avevo bisogno di aiuto lei e la direttrice mi avrebbero dato supporto. Ma sapevo bene che non ne avrei parlato con Emma.

Solo a distanza di anni le ho chiesto della sua mappa del tempo.

«Sai che una volta mi chiamò la tua maestra perché avevi disegnato una porta chiusa? Voleva chiamare la psicologa.»

Emma si è infastidita, si è alzata, ha preso la borsa, e mi ha detto che aveva delle commissioni da sbrigare. Prima di uscire dalla libreria, ha aggiunto: «Avevo fatto un disegno bellissimo. La maestra mi aveva messo ottimo, fu l'unica volta».

Cecilia ci ha guardate, perplessa: «Di cosa state parlando?».

«Di un mio disegno delle elementari» ha detto Emma uscendo.

Da qualche anno Emma ha aperto un negozio di giocattoli. Vende soltanto giochi che i bambini ricorderanno da grandi, che conserveranno nel tempo. Mi chiede spesso di andare al suo negozio. Dice che la posso aiutare, ma so che è una bugia. Ha già due socie, e se la cavano bene da sole. In realtà vuole che mi stacchi dalla libreria. La assecondo, mi piace il posto dove ha aperto, proprio nel cuore della città.

Una mattina che ero andata a trovarla, quando il negozio aveva aperto da poco, arrivò una giostra bellissima costruita da un artigiano, tutta in legno: con i cavalli, le oche, gli struzzi. Dando la carica cominciava a girare con la musica di un carillon.

«Questa la porto a casa. Emanuele va pazzo per le giostre. Sarà il mio regalo di Natale per lui.»

Emma ha avuto Emanuele con un giovane francese conosciuto a Porquerolles. Mi chiamò da quell'isola per dirmi che si sarebbe fermata un paio di settimane ancora. L'avrebbe ospitata un certo Daniel.

Come una vecchia mamma sciocca chiesi se fosse un bravo ragazzo. Lei rise divertita: «Sì, certo che è un bravo ragazzo. Studia medicina a Parigi».

Emma tornò che erano i primi di settembre e non mi sembrava felice. Dieci giorni dopo scoprì di essere incinta. Mandò una lettera a Daniel e lo avvertì che sarebbe diventato padre.

Daniel ha visto Emanuele tre volte. L'ultima al primo compleanno del bambino. Ogni anno Emma scattava una foto di suo figlio, la metteva in una busta e la spediva al padre. Sempre il 7 maggio, per cinque anni. Ma non ha mai ricevuto una risposta. Così ha smesso.

Il giorno prima del suo esame di terza media, Emanuele ha ricevuto una lettera del padre. Emma l'ha presa dalla buca e ha cominciato a tremare. Mi ha chiamato subito.

«Mamma, Daniel ha scritto a Emanuele. È una lettera, da Zurigo. Gliela devo dare?»

«Certo che devi.»

Emanuele era nella sua camera, lei è entrata e gli ha consegnato la lettera, senza passarla di mano in mano. Lo ha fatto come con il sale a tavola, poggiandola sulla scrivania.

Emanuele ha aperto il cassetto e l'ha messa tra le sue cose. Poi ha chiesto alla madre di lasciarlo studiare.

Quella busta è ancora al suo posto. Emanuele non l'ha mai aperta.

6

Amos andava in libreria da solo perché ero ormai al settimo mese di gravidanza di Emma e mi stancavo e faticavo a stare in piedi. Un venerdì sera tornò a casa raggiante con una copia di *Satura*, l'ultima raccolta di poesie pubblicata da Eugenio Montale. Mi porse il libro: «Aprilo». Sul frontespizio c'era una dedica: "22 febbraio 1972. Ad Amos. Accade che le affinità d'anima non giungano ai gesti e alle parole ma rimangano effuse come un magnetismo. È raro ma accade. Eugenio Montale".

«Come ti è arrivato?» domandai sorpresa.

«Non ci crederai» rispose, «avevo aperto da poco. Con questo tempo pensavo non sarebbe entrato nessuno. Sento il campanello della porta e vedo entrare un uomo, cammina piano, i capelli bianchi, anziano. Si avvicina al bancone dei libri di poesia. È sorpreso nel vedere i nostri titoli, anche quelli vecchi, non soltanto le novità. Mi chiede: "Lei ama la poesia?". E io rispondo di sì, che è la passione della mia vita. Mentre parlavo lui ha visto le copie di *Satura* e ne ha presa una: "Lo sa che la poesia è l'unica arte che si fa con un pezzo di matita? Non costa niente, ma non interessa a nessuno. Pensi che quando uscì il mio libriccino degli *Ossi di seppia* – sono passati cinquant'anni ormai – mio padre avrebbe voluto comprarne una copia, ma rinunciò appena seppe che costava sei lire". Avevo di fronte Eugenio Montale. Poi ha preso la penna dalla tasca della giacca, e mentre scriveva la dedica mi ha domandato: "Ricorda quella poesia intitolata *Ex voto*?". E ha riscritto qui i versi iniziali.»

«E poi?»

«E poi se ne è andato.»

Amos amava la poesia. Per lui le parole generavano il mondo.

«Sai cosa diceva Borges? Tutte le cose del mondo conducono a una citazione o a un libro.»

Eravamo seduti a un caffè che dava su piazza Mantegna, dove palazzi e chiese sono testimonianza della grandezza di artisti e architetti.

«Tutto quello sarebbe un testo?» dissi indicando fuori.

«Si parte sempre da un testo. Si immaginano le cose con il pensiero e poi si realizzano» mi aveva risposto. «È il libro della creazione.»

Ancora oggi penso a quelle parole. C'è un libro dove posso trovare Amos? Dove posso capire in che modo ci ha dimenticati? Non credo. Semmai c'è una verità che non finirò mai di cercare, ma temo sia perduta.

L'altra mattina il fruttivendolo aveva una cesta di limoni di Sorrento. Ho preso il mio Montale e ho cominciato a leggere ad alta voce; poi ho riscritto i versi su un foglio, come fossero una lettera per Amos: "Vedi, in questi silenzi in cui le cose s'abbandonano e sembrano vicine a tradire il loro ultimo segreto, talora ci si aspetta di scoprire uno sbaglio di Natura, il punto morto del mondo, l'anello che non tiene, il filo da disbrogliare che finalmente ci metta nel mezzo di una verità".

L'anello che non tiene, il filo da disbrogliare.

In tutti i negozi di quel tempo all'apertura della porta era associato un campanello. Se qualcuno entrava, suonando avvertiva. Siccome la libreria era grande non stavo sempre dietro la cassa, vicino all'ingresso. Mi muovevo fino all'ultima sala, dove il suono del campanello arrivava più attutito. Tutte le volte che suonava e non potevo voltarmi subito a guardare chi stesse entrando, avevo un mancamento, il cuore si fermava. Ogni volta poteva essere Amos, perché anche lui – se fosse tornato – sarebbe entrato da quella porta facendolo suonare. Ogni volta poteva essere lui, ma non era mai lui.

La settimana scorsa sono arrivata in libreria, erano un po' di giorni che mancavo, e all'ingresso la porta si è aperta appena mi sono avvicinata. Cecilia aveva fatto mettere una fotocellula come quella del negozio di Emma.

«Ma hai cambiato la porta?»

«Ah, sì, mamma, hai visto? È comoda.»

«È vero» ho risposto. Ho guardato quella porta, in vetro infrangibile, con la scritta in rosso "Libreria Minerva". E ho capito cosa mancava.

«Il campanello, lo hai fatto togliere?»

Cecilia ha sorriso: «Il campanello? Non serviva più a niente».

Forse è quello il segno che Amos non tornerà mai più. O magari no: magari significa che attraverserà quella porta in modo silenzioso, elegante, il suo modo.

Nel tempo presente Amos non ha mappe per tornare, non ha mezzi che gli permettano di attraversare le regioni oscure che ci separano. E nel passato prossimo è peggio: il passato prossimo vuol dire lasciarlo andare, è l'attimo dopo, quando capisci che la sua mano non reggerà e il suo corpo cadrà giù. Il passato remoto è la terra ritrovata, la mappa che mancava, il biglietto di andata, senza il ritorno. Il passato remoto significa che sono io a tornare da lui, anche se non so dove si trova. Il passato remoto è un futuro che non si è compiuto.

Solo nei sogni immagino il futuro. È un futuro antico, quello dei miei tragici greci che lo intuivano e lo mettevano in scena, ma soltanto perché sapevano che è il compimento di un destino scritto. Euripide fa dire a Tiresia, il veggente cieco: "Quando il Dio irrompe possente nel corpo di un uomo, fa in modo che chi delira predichi il futuro".

Ogni mattina guardo fuori dalla finestra della cucina. Di fronte, di solito, si accendeva sempre la stessa finestra: la seconda da sinistra. La donna apparecchiava per la colazione, accendeva il fuoco sotto la caffettiera, apriva il barattolo della marmellata. La vedevo ogni giorno, nella luce gialla dell'alba e in quella violetta della sera. Mi è accaduto di incrociarla anche per strada, specie quando uscivo per andare in libreria: non ci siamo mai salutate.

Poi una mattina mi sono accorta che la luce della sua cucina non si è accesa, e non lo ha fatto per molti giorni a venire. Sono passate alcune settimane prima che ritrovassi quella finestra all'alba. Al posto della donna è apparso un uomo. Ha preso dal tavolo una borsa ventiquattro ore di pelle ed è uscito. Sulla parete è appeso un grande orologio, le lancette sono ferme sulle 12.30.

Se avessi potuto, avrei lasciato che la casa restasse esattamente come era la mattina che partimmo per Roma: con il bicchiere di Amos ancora sul tavolo della cucina e le due dita d'acqua sul fondo. Potrei descrivere, se ne fossi capace, il disegno a fiori delle lenzuola del letto e quello cachemire della coperta, potrei persino dire quanto fosse consumato il tubetto del dentifricio. Ma non si può fare, mi devo accontentare della luce. Nevica di rado ma, quando il cielo è velato e il sole non riesce a passare attraverso le nuvole, la luce attraversa il vetro della finestra e dona un chiarore soffuso al piano d'acciaio del lavandino. Negli anni, soprattutto d'autunno, ho ritrovato quell'intensità molte volte, e ho sperato che le giornate fossero tutte con quel cielo, con quella luce, con quel bianco sfrontato.

L'altra notte ho sognato che camminavo per la città. Quando mi sono svegliata ho preso un foglietto e ho cominciato a scrivere i nomi delle strade. Partendo da casa passavo la porta di San Vitale, entravo nel cuore della città medievale, percorrevo via dei Bersaglieri, giravo a sinistra, in via Savonarola, e da lì tagliavo per via Colleoni, incrociavo via Vignatagliata, proseguivo per via Pallavicino e imboccavo via Speciano. Ho persino creduto che quell'itinerario me lo avesse suggerito Amos, a modo suo, entrando nel sogno per indicarmi le strade. E poi i negozi che avevo visto nel sogno, il cinema Lux di via dei Bersaglieri con i cartelloni di *Un uomo, una donna* di Claude Lelouch. La trattoria di via Colleoni, la tabaccaia, Giovanni, il barbiere di via Pallavicino. E l'edicola dei giornali di via Speciano, con i libri di Maigret che piacevano a mio nonno.

Il cinema è chiuso da anni. La trattoria è diventata un bar, e all'ora dell'aperitivo è pieno di giovani. La tabaccaia non c'è più, il punto vendita lo gestisce uno di fuori che non conosco. La barberia è chiusa da anni, Giovanni se ne è tornato al paese. Di tanto in tanto guardo dentro attraverso la vetrina: ci sono ancora le poltrone con il poggiatesta, le forbici, le sedie foderate di plastica rossa, una bottiglia d'acqua piena per metà, il tavolino con i vecchi rotocalchi. Certi luoghi abbandonati somigliano alla vita: tutto resta uguale quando niente resta vivo.

Ora la mia geografia è un campo aperto. Se cammino senza sapere dove andare sarà più facile ritrovare un uomo che non conosce la strada, che non sa quale sia la sua direzione. Allora cerco vie e traiettorie senza una logica, perché ciò che la mente dimentica il corpo ricorda. Non so dove sono, dove mi sto dirigendo, lascio che sia il mio corpo a decidere e spero che Amos possa fare altrettanto, e che i destini prendano il sopravvento su questi due oblii, su queste due smemoratezze, e finiamo per rincontrarci da qualche parte, non cercando strade nuove ma percorrendo sempre le stesse.

Ma poi finisce che ritorno sui miei passi, arrivo alla porta di casa e la apro, sempre con un tremore, pensando che lo troverò seduto sulla sua poltrona, come fosse sempre stato lì: presente a sé stesso, calmo, ragionevole. Immagino le parole che potrebbe dirmi, frasi semplici, comuni. Ogni volta che apro la porta di casa, penso: "Ora è lì".

Ormai mi prendo i rimbrotti preoccupati di Cecilia quando si accorge che non chiudo la porta con le mandate.

«Mamma, così entrano i ladri.»

Ma se non chiudo con le mandate, quando torno posso sperare che lui sia dentro casa, che lo vedrò ancora seduto in poltrona; posso illudermi che sia entrato con la sua chiave e sia seduto in soggiorno. Ma se chiudo con le mandate, e poi le ritrovo al mio ritorno, so, prima ancora di aprire la porta, che non ci sarà.

Il castello dei destini incrociati era uno dei libri che Amos rileggeva spesso. La sua copia è ancora qui, in una pila di cinque che ho numerato a modo mio. Italo Calvino è il numero tre. Non c'è alcuna ragione per quel tre. L'ordine non è temporale, è casuale, come le carte del mazzo dei tarocchi. Ho cominciato a leggerlo perché dovevo trovare la strada di Amos. Ero diventata una viandante del racconto di Calvino, avevo attraversato il bosco e ora si trattava di arrivare alla locanda.

Un pomeriggio di autunno sono andata dal tabaccaio di via Vignatagliata. Ho comprato un mazzo di tarocchi e un pacchetto di sigarette della marca che fumava Amos. Tornando in libreria ho posato la borsa dietro il banco e ho preso il mazzo. Cecilia si è voltata e mi ha guardato sorpresa.

«I tarocchi, mamma?»

Ho girato la prima carta: è uscita la Luna. Una cliente mi ha chiesto se li sapevo leggere. Le ho detto che non credo a queste cose. Neanche Amos ci credeva. Quella sera, prima di addormentarmi, ho sottolineato alcune righe di Calvino: "Se costui abita nel bel mezzo della Luna – o ne è abitato, come dal suo nucleo più profondo, – ci dirà se è vero che essa contiene il rimario universale delle parole e delle cose, se essa è il mondo pieno di senso, l'opposto della Terra insensata".

Ho riletto più volte queste parole. Come Astolfo avrei ritrovato sulla Luna quello che avevo perso sulla Terra? E se è vero che è lì il rimario universale delle parole, come potrei non trovare Amos in quel mondo pieno di senso, l'opposto di questa Terra dove non so capire cosa sia accaduto?

Ho pensato che le carte non rivelano nulla, ma ci aiutano a ritrovare il filo smarrito. L'*Orlando furioso* fu una delle mie letture più appassionate di ragazza. Ed è sulla Luna che potrei trovare Amos. "Sui bianchi campi della Luna, Astolfo incontra il poeta, intento a interpolare nel suo ordito le rime delle ottave, la fila degli intrecci, le ragioni e le sragioni."

Dovrei mettere Amos al posto di Astolfo? Devo cercarlo sulla Luna, anche se la Luna è un deserto?

L'ho detto a Emma, il giorno dopo.

«Ho delle immagini» mi ha risposto, «lo rivedo sempre seduto sulla poltrona.»

«E non ti ricordi della mattina in cui siete andate da Irene?»

«Intendi dire l'ultima volta che l'ho visto? Solo frammenti, che ho ricostruito a modo mio. Ho messo assieme quello che ci hai raccontato, i dettagli e li ho ricomposti nella mia mente. Sono un mio racconto. Cecilia invece mi ha chiesto se ricordo la sua voce. Con il viso non è difficile. Ci sono le fotografie. Ma le sue parole? Non abbiamo nastri registrati, vero?»

Io non ho perso le parole. Le hanno perse gli altri attorno a me. Le carte di Amos, le sue pagine, i versi, le poesie sono il mio mazzo dei tarocchi: è l'unico modo che ho per capire, l'unico per trovare una ragione accettabile.

L'altro giorno un amico mi ha portato una rivista dove c'è

un testo di Calvino che racconta la storia di un collezionista di sabbia. Amos amava la sabbia della spiaggia dei Calamari: era così sottile che era difficile fare i castelli, andava molto bagnata. Ho pensato ai castelli che Amos faceva per Emma. E che Emma avrebbe poi fatto per Emanuele. Emma era appassionata anche di puzzle. Ne ha ancora uno con un castello della Loira, quello di Chissay, mille pezzi che il padre aveva completato per lei.

Il saggio di Calvino si conclude in questo modo: "Sono arrivato a interrogarmi su cosa c'è scritto in quella sabbia di parole che ho messo in fila nella mia vita, quella sabbia che adesso mi appare tanto lontana dalle spiagge e dai deserti del vivere. Forse fissando la sabbia come sabbia, le parole come parole, potremo avvicinarci a capire come e in che misura il mondo triturato ed eroso possa ancora trovarvi fondamento e modello".

Accadeva che la sera Amos restasse per conto suo, in salotto, in compagnia dei suoi dischi.

Le ragazze li hanno recuperati dalla cantina: Beatles, Joe Cocker, Bob Dylan. Sono edizioni originali di quegli anni, Cecilia era entusiasta: «Mamma, ma perché non ce l'hai mai detto? Non lo sai che me li vado a cercare nei negozi dell'usato?».

Ci sono anche quelli di classica, ma li ho lasciati nel ripostiglio, non li ho spostati in cantina. Non so perché l'ho fatto. Il rock, il blues, non erano musica che condividevo con lui. Erano il suo mondo di prima.

Cecilia ha preso il disco con la copertina a fumetti.

Mi ha guardata sorpresa: «Oddio! *Cheap Thrills*... ma è quello di allora?».

«Credo di sì» ho risposto cercando di non dare troppa importanza agli entusiasmi di Cecilia, perché era un disco che Amos ascoltava da solo. Io restavo in camera a leggere. Ma lui, fino a che è nata Emma, prendeva quel vinile e metteva *Summertime*, a volte anche quattro o cinque volte di seguito. Era così tragica.

Non ho più avuto il coraggio di riascoltare *Summertime* cantata da Janis Joplin. Ma quella voce disperata me la porto ancora addosso. Quel suo modo di ripetere *time, time, time*. Cercando un varco oltre quel tempo ingiusto, in quella vita senza un centro.

7

Giulia aveva scattato delle fotografie ad Amos. Sono dei ritratti bellissimi. All'inizio li aveva tenuti lei. Poi, un Natale, l'ultimo, quello del 1975, ci regalò tre ingrandimenti. Amos ne era felice ma disse che non avrebbe mai appeso una fotografia che lo ritraeva. Francesco e Giulia si sono conosciuti quando lui mise in scena il *Riccardo III* di Shakespeare, il suo primo grande successo da regista, che arrivò a Londra, a Parigi, fino a Mosca. Giulia era la fotografa dello spettacolo. Giovanissima, minuta, quando scattava si muoveva leggera. Diceva che era merito di tutti i suoi anni di danza classica. Ancora oggi lei è così. Entra in libreria e neanche te ne accorgi. Dice che i fotografi devono essere invisibili. Viaggia per il mondo con una macchina fotografica, una Leica a telemetro, silenziosa e discreta. Negli ultimi anni non sono più riuscita a vedere una sua mostra, sono sempre in posti troppo lontani per me, l'ultima era a San Francisco.

Qualche tempo fa Francesco provava a teatro *L'ultimo nastro di Krapp* di Samuel Beckett. Era seduto in prima fila e stava dando istruzioni all'attore. Io sono rimasta in piedi, in fondo alla platea, per non disturbare; non mi ha visto, ho deciso che l'avrei salutato dopo.

Non conoscevo l'attore, Francesco mi ha detto che è tra i

più bravi in Italia. Era così anziano che mi sono domandata come ce la potesse fare a stare solo, e per tutto quel tempo, sul palcoscenico. Eppure, la vecchiaia lo rendeva radioso, morbido, essenziale anche nei movimenti: sembrava capace di guarire gli anni di tutti noi.

Per me la vecchiaia di Amos resta un enigma. Non so dire con quanto pudore avrei affrontato il suo corpo che cambiava, e lui il mio. Non so in che modo morderebbe una mela. Non riesco ancora a immaginarlo con i capelli bianchi, gli stessi di questo attore che stava provando la nuova scena. Sul palcoscenico c'era un magnetofono di quelli vecchi, a nastro.

«Glauco, falla più cantilenante, più lenta, se puoi.»

Mai sentito tanto silenzio. La Terra potrebbe essere disabitata. Qui termino questo nastro. Scatola... tre, bobina... cinque. Forse i miei anni migliori sono finiti. Quando la felicità era forse ancora possibile. Ma non li rivorrei indietro. Non col fuoco che sento in me ora. No, non li rivorrei indietro.

«Allunga le pause... Scandiscilo quel: "Forse i miei anni migliori sono finiti". E in tono più basso, sussurrando, quasi la frase ti scappasse via: "Quando la felicità era forse ancora possibile". Alza il braccio sinistro, immagina di fare lezione a qualcuno. E girati verso la platea, come se riuscissi a vedere fino all'ultimo spettatore.»

L'attore, ne sono certa, mi ha guardata, mentre diceva: «Non li rivorrei indietro». Sono dovuta uscire dal teatro, mi mancava l'aria.

«Non sei passata alle prove?»

«Scusami, Francesco, ero stanchissima, non ci sono riuscita. Ti prometto che vengo nei prossimi giorni.»

Non sono più tornata.

La casa di Francesco e Giulia ha un lungo corridoio. Quando le ragazze erano piccole giocavano ad andare avanti e indietro con una macchinina a pedali che Francesco aveva comprato a Milano. In quel corridoio c'è una libreria. Nell'ultima stanza Giulia aveva la sua camera oscura. Anche se ormai non sviluppa più le sue foto – per lei lo fa un laboratorio di Parigi –, le capita ancora di riempire le bacinelle, accendere l'ingranditore, e stampare qualche immagine.

«Devo cercare dei vecchi negativi di te e di Amos. Così li stampiamo assieme.» Me lo aveva proposto qualche anno dopo la sua scomparsa.

Li aveva trovati. Ma quando era tutto pronto e Giulia aveva spento la luce, lasciando soltanto la lampadina rossa, mi prese una strana paura. Rimasi accanto alla bacinella con il liquido di sviluppo mentre lei, più lontana, accese l'ingranditore. Avevo in mano le pinze di plastica: «Quando ti passo la fotografia, la metti nel bagno di sviluppo e la muovi leggermente, in modo che l'immagine affiori in modo uniforme».

Misi il foglio nella bacinella, affioravano lenti dei segni neri, macchiando il bianco della stampa. Erano soprattutto sulla parte inferiore della carta fotografica. Man mano che l'immagine prendeva forma cominciavano a distinguersi anche le parti grigie: il mio maglione, i capelli scuri di Amos, la mia bocca e, quasi nello stesso istante, la sua bocca. I miei capelli biondi stentavano, ma i revers della giacca, che era più scura, erano già leggibili. Amos riaffiorava attraverso una pozione magica, un processo alchemico. Stava tornando accanto a me, anche se soltanto lì, in un prodigio possibile soltanto in quel buio.

Chiesi: «Ma se ora aprissi le finestre sparirebbe tutto?».

«Sì, la foto diventa nera in pochi secondi.»

È quello che mi era accaduto in quella mattina di neve. Qualcuno aveva aperto la finestra. E tutto quel bianco era diventato nero.

Mentre lo pensavo, i nostri volti giovani – anche se il viso di Amos per me resta giovane come allora – si facevano nitidi; quell'affiorare dal nulla dell'immagine, lento e preciso, si era compiuto. Amos e io eravamo uno accanto all'altra, quasi di profilo, in un ristorante. Sorridevamo a Giulia, e Amos mi cingeva le spalle. Avevamo un'aria felice.

«Anna, ora devi fermare lo sviluppo. Spostala nella seconda bacinella.»

Lo feci, sotto lo sguardo attento di Giulia.

«Ora mettila nel bagno di fissaggio.»

Non avevo mai stampato una fotografia. Non sapevo quanto somigli alla memoria: quanto sia fragile, delicata. Ha bisogno del buio e non dice mai il futuro.

«Anna, ti fa impressione?»

«Sì.»

Giulia mi sorrise dentro quella camera oscura rossa e vaga come una fumeria d'oppio cinese. Poi, dopo un momento di silenzio: «Devo dirti una cosa. Forse lo sai anche tu, ma trovo brutto e irrispettoso che alcune tue vecchie colleghe ti chiamino Penelope».

La maldicenza di farmi diventare una donna che aspetta, dopo uno stupore iniziale, mi mise di buon umore. Se fosse vero che sono Penelope, allora è sicuro che lui tornerà. Ma come potrei riconoscerlo? La nutrice si rivolge così a una Penelope diffidente, che ancora non riconosce Odisseo da poco tornato: "Voglio dirti anche un altro segno chiarissimo: la ferita che gli inferse il cinghiale con bianco dente; la notai nel lavarlo e volevo anche dirtelo".

Ci ripenso di continuo. Penelope dice al figlio Telemaco: "Se veramente è Odisseo e a casa è tornato, certo noi due ci riconosceremo anche meglio: perché anche noi abbiamo dei segni, che noi soli sappiamo, nascosti agli estranei".

Ma se Amos delle sue ferite non mi ha mai voluto parlare, come farò quando me lo ritroverò davanti? Saprò ripetere le parole di Penelope?

«E se anche sapesse tornare, se fosse ancora vivo: lo potrei ancora riconoscere?» chiesi a Giulia mentre mettevo in una cartellina la foto che avevamo stampato. Ma in realtà lo stavo domandando a me stessa.

Tempo dopo è toccato a me consolare Giulia dalle maldicenze e dai sospetti. E difenderla dalle paure per le incertezze emotive di Francesco. Doveva essere accaduto qualcosa di importante se Giulia si era spinta fino a casa mia, a un'ora tarda, per parlarmi.

«Quanti modi ci sono per essere abbandonati?» mi ha chiesto. «E c'è un modo di abbandonare restando? Eri tu che mi avevi parlato di quei versi di Catullo? Quelli sul tradimento?»

Sono andata a prendere il libro.

«Sono sul tradimento ma anche sull'amore. *Qui potis est, inquis? Quod amantem iniuria talis cogit amare magis, sed bene velle minus*. "Come si spiega?" mi chiedi. Un tradimento come il tuo spinge ad amare di più, ma a voler meno bene.»

«Vale la pena amare di più ma voler meno bene?» mi ha domandato.

«Vale la pena esserci» le ho risposto.

Ho ripercorso i giorni precedenti alla scomparsa di Amos come fa un medico con il tracciato di un elettrocardiogramma, alla ricerca di un punto in cui si noti un'aritmia, una frattura, anche piccola, che porti a ciò che è accaduto: quella vite difettosa che ha fatto aprire in due la carlinga dell'aereo, la casa che crolla solo per quella crepa nel muro a cui nessuno aveva fatto caso e che pareva solo la conseguenza di un intonaco mal dato.

Li ho ripercorsi più di una volta quei giorni precedenti. Ho preso uno di quei vecchi quaderni che usavo a scuola per i voti e i giudizi dei compiti in classe degli studenti. Sono andata a una pagina nuova e dentro al margine sinistro ho cominciato a scrivere il numero dei giorni. Ho cominciato dal 1° novembre, lunedì. E sono arrivata all'8, il lunedì successivo in cui arrivammo a Roma. Ho scritto i numeri e i giorni, due a pagina, lasciando lo spazio per quello che mi sarebbe venuto in mente. Dovevo capovolgere il mio modo di pensare, togliere importanza alle cose che mi sembravano rilevanti, e scavare nella memoria per cercare un chiodo arrugginito, una sigaretta spenta in un posacenere, per capire di che marca fosse il mozzicone. Dovevo passare dall'infinitamente grande all'infinitamente piccolo. Quando il mio professore di filosofia spiegava Pascal, diceva: «Non è la scala, la dimensione che conta, ciò che conta è che sono entrambe forme di infinito». Ma l'infinitamente piccolo io non lo avevo mai preso in considerazione.

Per il 6 novembre, sabato, ho lasciato libera un'intera pagina. Sapevo che lì avrei dovuto considerare l'infinitamente piccolo con maggiore accuratezza. Sono rimasta seduta alla scrivania per molto tempo, guardando quelle pagine, con la matita in mano, cercando di ricordare. Al giorno 6 ho scritto: "Grande nevicata".

Ho lasciato il quaderno sul comodino, per aggiungere qualche riga ogni mattina. Ma poi non ci sono riuscita. Così correvo in libreria, per proteggermi tra le parole dei miei libri e dei miei autori. Non so dire quanti volumi abbiamo ma sono decine di migliaia. E se fossero anche centomila, e se ogni libro contenesse centomila parole? Ogni mattina che giro la chiave nella serratura per aprire la porta della libreria sarei protetta da dieci miliardi di parole. Che è come dire dieci miliardi di stelle, ed è anche come dire: il mio universo. Ma nessuna parola, una soltanto di dieci miliardi, mi ha aiutata fino a oggi. E a queste dovrei aggiungere anche le mie?

«Scrivi una storia» mi ha detto Irene una volta.

Non scriverò una storia. Non lo so fare. Ci sono troppe cose che non conosco. Cosa c'è di male a stare in silenzio? Gli dèi non parlano. Sono gli uomini che parlano. Il linguaggio di Dio è illuminazione, parole oscure, sillabe bruciate. La parola divina non è altro che apparizione. Invece gli uomini parlano perché sono mortali. Parlare scandisce il tempo, e il tempo ci dice che moriremo. Quando in libreria c'è silenzio e nessuno è ancora entrato, mi sento avvolgere da qualcosa che invece non muore, e se muore ha bisogno di migliaia di anni, proprio come le stelle. Le parole dei libri si possono dimenticare, ma restano capaci di riaffiorare dall'oblio. Quando passo vicino allo scaffale dei miei classici greci e latini, so che lì ci sono le stelle più lontane, ma nel cielo della notte non distingui quelle più vecchie da quelle giovani, non vedi le differenti grandezze, non sai da quale passato ti stanno parlando. Puoi solo disegnare delle linee che le uniscono, loro che sono così distanti da ignorarsi una con l'altra.

Avevo letto più libri di Amos quando ci siamo incontrati. Gli ho insegnato tanto. Solo una volta mi sono sentita come tradita. Era notte. Mi ero alzata per andare in bagno e Amos non era accanto a me nel letto. Lo trovai in salotto che leggeva un libro.

«È Ingeborg Bachmann» mi disse.

Ebbi un moto di gelosia, e mi vergognai: era ridicolo essere gelosa di una poetessa che tiene compagnia a tuo marito nel cuore della notte.

Amos se ne accorse. E mi lesse tre versi.

La notte deve voltar pagina,
quando l'acino si spacca
e dalla polpa il sole zampilla.

Non c'era alcun bisogno di voltare pagina, ma sbagliavo. Quando è accaduto che l'acino si è spaccato? Da quando la poesia anticipa il futuro?

8

Irene insisteva nel dirmi che dovevo farmi aiutare da qualcuno. Perché lei non era adatta. Potevo andare da una sua collega: solo per parlare, senza obblighi.

Presi appuntamento con la dottoressa Penna, Penna come il poeta. Era una donna cortese. Sedetti di fronte a lei. Lo studio era spoglio. Non c'erano quadri alle pareti, neppure libri, solo una bella scrivania antica e, sotto la finestra, il lettino dell'analisi. Entrando nello studio mi ero guardata attorno.

Lei mi anticipò: «La stanza è spoglia per evitare che i pazienti guardino i quadri, i libri, gli oggetti e facciano associazioni, attribuiscano senso dove non dovrebbe esserci. Uno psicoanalista ha bisogno di neutralità».

L'unico oggetto dello studio che sembrava rompere quella neutralità di cui parlava era l'orologio da tavolo sulla scrivania. Avevo pensato di entrare in un luogo dove il flusso del tempo non poteva essere interrotto da nulla, e invece mi ritrovavo nel mondo dell'esattezza.

La dottoressa mi sorrise: «Da dove vuole cominciare?».

Avrei potuto raccontare che non stavo bene, che tutto si era fatto ancora più faticoso, che avevo sbalzi di umore, alle volte ingiusti, nei confronti delle bambine. Le avrei potuto dire che anche il ciclo era irregolare. E invece risposi soltanto: «Lui non c'è più da due anni, e io resto aggrappata al ricordo della sua voce».

«Da quanto tempo è morto?»

«Non è morto. È uscito per fare una passeggiata e fumare una sigaretta e non è ancora tornato, eravamo a Roma perché doveva farsi visitare. Il giorno prima aveva avuto un'amnesia. Sono sicura che è riaccaduto e che non sa ritrovare la sua strada.»

«E non ha avuto alcuna notizia di lui?»

«Nessuna.»

«Capisco, è un lutto» disse.

Uscii da quel palazzo un'ora dopo pensando alla frase semplice che mi aveva detto la dottoressa. La più semplice possibile: che dovevo provare a essere felice. Le avevo risposto che non ci riuscivo.

E lei: «Finché si è vivi si devono fare le cose che fanno i vivi».

«Vivere?» avevo chiesto.

«Vivere» mi aveva risposto.

La sera, a casa, mi ricordai di una frase di Sofocle: "Impara allora che i mortali devono guardare alla loro fine. E nessuno può essere reputato felice fino al giorno in cui porta la sua felicità giù nella tomba in pace".

Mi riproposi di tenerla a mente. Se mai fossi tornata dalla dottoressa le avrei ripetuto quelle parole.

Ma prima di quel consiglio sul vivere, quando ancora ero seduta nello studio della dottoressa e parlavo delle mie figlie, lei mi aveva chiesto come le bambine avessero vissuto quella "mia prospettiva dell'attesa". Le avevo domandato cosa intendesse con quell'espressione.

E lei: «L'aver costruito un'architettura mentale dove il suo Amos è presente».

«Ho tentato in tutti i modi di renderle serene. Cerco di nascondere il mio aspettare. Ma non so se ci sono riuscita.»

«Le sue figlie potrebbero soffrire di questa attesa perché,

nell'apparente tranquillità, i bambini costruiscono uno spazio di solitudine, e tutto questo vissuto finisce nell'oblio.»

«Allora non è qualcosa di negativo?»

«Quello che finisce nell'oblio ritornerà quando le sue figlie saranno più grandi, accadrà in quei modi privati di essere che chiamiamo follia.»

«Mi sta dicendo che le mie figlie diventeranno pazze?» avevo chiesto spaventata.

«Non mi fraintenda. La follia è diversa dalla psicosi. Ognuno di noi ha un proprio modo di essere folle e di essere solo.»

Non tornai più dalla Penna, ma Irene fu comprensiva.

«Scusami, Irene, ma non è ancora il momento.»

«Hai bisogno di tempo, ti capisco. Lasciarsi condurre è difficile.»

«Non ho voglia di lasciarmi condurre.»

«Anna, vorrei aiutarti. Ma non ho mai voluto confondere le cose. Anche Alberto mi dice: non puoi aiutarla tu, non sei neutra.»

«E se io cercassi una persona che non è neutra? Una persona che ha conosciuto Amos come forse neppure io l'ho conosciuto, e poi ha conosciuto me con lui? Perché uno psicologo che non sa nulla deve essere più bravo di te che invece sai tutto?»

«Perché non deve sapere di suo. Deve sapere da te.»

«Ma cosa? Io non so più niente.»

«Per te, da quel pomeriggio a Roma, quando non è più tornato, ogni giorno è un'attesa del passato. Ti ripeti: "Non può essere accaduto ciò che è accaduto". Ogni giorno diventa una possibilità: può succedere che Amos esce per fumare una sigaretta e scompare. Ma può andare in maniera diversa, può accadere che Amos torna, come aveva detto, e andate assieme dal medico di Roma. Questa possibilità ti impedisce di continuare a vivere. Per te ogni giorno è sempre lo stesso giorno, è il giorno della scomparsa di Amos.»

Capita che nella mia mente tornino le parole con la voce di chi le ha pronunciate. Accade senza una ragione. E la voce della terapista ritorna con la parola "prospettiva".

Eravamo a Roma per un viaggio di tre giorni. Amos mi portò a Palazzo Spada, dietro piazza Farnese. Nel cortile c'è la prospettiva del Borromini: una galleria di colonne che finisce in un giardino dove c'è una statua.

«Sai quanto è lunga?» mi chiese Amos.

«Direi una quarantina di metri.»

«E invece sono meno di nove metri, e nella parte finale è alta poco più di due. È un'illusione ottica.»

Rimasi impressionata. Sembrava un colonnato, alto, lungo, meraviglioso. Invece restava meraviglioso, ma era un inganno. Ci ho pensato tante volte, dopo che la psicologa mi parlò di prospettiva dell'attesa. Era un'illusione, un artificio. Stefano direbbe: una *tua* illusione.

«Perché il Borromini ha progettato questa galleria?»

«Per ricordarci che la grandezza del mondo è soltanto apparenza» mi aveva risposto Amos.

Anni dopo ho comprato una mappa di Roma. L'ho aperta sul tavolo da pranzo e con la matita ho messo un cerchietto dove era la nostra pensione, in via dei Due Macelli, uno dove c'è Palazzo Spada, e ho cominciato a tirare delle linee. Ho scoperto che le strade di un quartiere hanno tutte nomi di poeti: piazza Eugenio Montale, via Dino Campana, via García Lorca, via Baudelaire, via Salvatore Quasimodo, via Umberto Saba. Il quartiere confina con strade che invece hanno nomi di luoghi geografici: via Quasimodo sbuca su via dell'Oceano Atlantico, che a sua volta incrocia via Sudafrica, che finisce in via Tibet e poi in via Marocco. Luoghi, paesi e poeti.

9

Quando la moglie di Stefano è morta, è stato Francesco a telefonarmi. Il funerale sarebbe stato l'indomani.

«Dobbiamo andarci, Francesco.»

«Dici che dobbiamo? Non l'abbiamo mai conosciuta.»

«Dico che è giusto farlo.»

La funzione religiosa era alla chiesa di Santa Marta. La bara era al centro della navata ma c'era soltanto Stefano, al primo banco, da solo. Nessun altro, neppure il fratello che produce i vini. Davvero ci avrebbe voluti? Ci siamo fatti forza e ci siamo messi dietro di lui. Credo che neanche il prete avesse mai visto una cosa del genere, un funerale con una persona soltanto. A parte due anziane donne in fondo alla navata che pregavano per conto loro.

Chi c'era dentro quella bara? Il corpo di una donna che non avevamo conosciuto, che viveva in una stanza segreta. Una sola volta Alberto era andato a visitare Stefano che aveva avuto un lieve malore. Ci disse che la casa era meravigliosa, un palazzetto del Seicento con una parte che risaliva al Trecento. Quel giorno Stefano si scusò con Alberto per averlo disturbato, ma fu frettoloso, voleva congedarlo il prima possibile. Alberto raccontò che, lontana, in una parte della casa al piano superiore da cui si accedeva attraverso una scala interna di legno, si sentiva il lamento di una voce femminile, pareva una litania. Alberto aspettò l'effetto delle pillole che gli aveva dato e poi andò via. Nessun altro sarebbe più entrato in quelle stanze.

Al funerale, noi piangevamo Stefano, non la moglie. Eravamo commossi per lui, per la sua solitudine, per tutta la ricchezza che non lo aveva consolato, per le sue ambizioni sbagliate e per la sua distanza dalla vita.

«Ma tu sapevi come si chiamava?» mi ha chiesto Francesco, sottovoce, dopo che il parroco, celebrando le esequie, aveva detto: «Portiamo l'ultimo saluto a nostra sorella Adele...».

«No, non l'abbiamo mai saputo.»

«E neanche l'età?»

«Amos diceva che era più vecchia di Stefano di dieci anni.»

La terra degli assenti è un luogo inaccessibile. Gli assenti tra loro si vedono, si parlano, commentano un mondo distante che continua ad aspettarli. Proteggono il nostro disordine.

Ho sempre più paura che i miei amici si possano allontanare da me, che gli affetti finiscano per sfrangiarsi, perdersi: "Starò a origliare facendo il giro delle nostre tende per vedere se qualcuno si prepara ad abbandonarmi" dice Riccardo III.

Stefano ora non deve più nascondersi, dopo che sua moglie è morta. È un uomo solo. Nessuno di noi, prima d'ora, aveva mai osato andare a trovarlo. L'ho fatto io dopo un paio di settimane e non mi è stato facile.

«Sono tornato al circolo degli scacchi. Sai che gioco ancora bene? Vinco sempre. Ed erano anni che non mi sedevo davanti a una scacchiera, mentre quelli del circolo stanno lì dal mattino alla sera.»

«Mi fa piacere, Stefano. Un modo per dichiarare una guerra a qualcuno lo trovi sempre.»

«Ma è una guerra simbolica. Nessuno si fa male. E anche tu dovresti provare a non farti più del male.»

Non sono riuscita a sorridergli. Ho detto: «Voglio solo provare a capire».

«Capire cosa, Anna?»

«Perché Amos non è più tornato?»

«Forse è morto. Sai, ho aspettato la morte di Adele per anni. E giorno dopo giorno lasciavo andare il dolore, lo abbandonavo. Quando alla fine è accaduto era rimasto soltanto il vuoto dentro di me, non c'era più la sofferenza.»

«Ma la tua era una storia diversa.»

«Era la stessa, Anna. Adele non era in questo mondo, ma continuavo a vederla muoversi per le stanze del piano di sopra. Anche di notte. Amos è presente nella tua vita, ma è assente nella realtà di ogni giorno. Adele era assente nella mia vita, ma era presente nella realtà di ogni giorno. Sono simmetrie anche queste.»

«Non voglio più stare dentro questa vita assurda» gli ho risposto.

«Anna, l'assurdità...»

«È assurdo quello che mi è accaduto.»

«Sì, ma non significa che sia illogico. Significa soltanto che il mondo in sé non è ragionevole. E la ragione crea attese, tu aspetti che torni Amos, io ho sperato per anni che Adele potesse tornare a essere quella che avevo conosciuto i primi anni.»

«E come era Adele quei primi anni?»

«Una donna brillante e divertente, affettuosa, forse un po' sopra le righe.»

«Stefano, ricordi i discorsi di Adele quando ancora stava bene?»

«A cosa mi serve se non posso più cambiare niente?»

Sono uscita da casa di Stefano ancora più confusa. La verità è che non si sa mai cosa succede davvero nelle case degli altri e le parole sbiadiscono subito. Come in una partita a scacchi: nessuno si fa male.

Mentre tornavo a casa mi sono ricordata del *Fedro*. Platone diceva che ci sono quattro diversi tipi di follia. Quella profetica, regolata da Apollo, che invade la mente della Pizia e la rende capace di predire il futuro; quella poetica, grazie alla quale gli uomini ottengono dalle Muse il dono dell'ispirazione e solo allora può esservi arte; quella erotica, generata da Afrodite, che plasma e trasforma l'anima di chi ama; quella iniziatica che appartiene al dominio di Dioniso.

Cecilia ama la libreria. Ma la pensa in modo diverso da Amos. Lei i libri li vuole tutti, anche quelli che non le piacciono.

«Come fai a vendere certi titoli?» le ho chiesto più di una volta. Fosse per me terrei soltanto poesia, classici greci e latini e qualche romanzo.

«Una libreria non è una casa editrice. Non scegliamo soltanto noi. Anche i lettori scelgono.»

«Tuo padre non la pensava così.»

«Mio padre ha fatto il libraio solamente per sei anni. Ed era tanto tempo fa. Oggi è diverso.»

Secondo Amos i libri andavano esposti sui banconi delle novità per almeno un anno. E spesso lo faceva. Mi diceva: «Bisognerebbe chiedere a ogni autore quanto tempo ci ha messo a scrivere il suo romanzo, o la sua raccolta di poesie».

«Perché?»

«Perché è lo stesso tempo che dovremmo concedergli noi.»

L'ho raccontato a Cecilia. E lei, divertita: «E se uno ci mette vent'anni? Lo teniamo vent'anni sul bancone?».

Nessuno più ci mette vent'anni per scrivere un libro. Ma capisco gli autori, quando passano da qui, si cercano e non si trovano. Sono davanti a uno specchio che non può riflettere il loro viso.

Talvolta mi pare di vedere Amos davanti alle nostre vetrine, si ferma e guarda i libri esposti. Allora esco dal negozio e mi avvicino timida, però non so se è davvero lui a rispondermi o sono parole soltanto mie.

Con una leggerezza che conosco bene, quella dei suoi momenti più intimi, risento la sua voce: «Anna, devi smettere di pensarmi. È passato troppo tempo...».

Alberto si è separato da Irene all'improvviso, come fosse uno schianto. Era una Pasqua ormai lontana, nella casa di campagna di Giulia e Francesco. E Alberto è venuto da solo. Abbiamo chiesto dove fosse Irene.

E lui, senza alcun imbarazzo, ci ha risposto: «Ci siamo lasciati. Lei ha chiesto il trasferimento a Bologna».

«E adesso dov'è?»

«È partita due giorni fa. È già andata via.»

«Senza salutare nessuno? E tu?» ho domandato sperando di non sentirmi rispondere che stava molto male.

«C'è un'altra persona.»

«Lei ha un'altra persona?»

«Io ho un'altra persona.»

Nessuno ha più parlato. Mentre Emma, con garbo, e cercando di non farlo troppo notare, ha tolto subito il posto di Irene da tavola.

«Alberto, e non ci hai detto niente?»

«Giulia, cosa dovevo dire. C'è Sabina, è di Padova. Io ho fatto domanda agli Ospedali Riuniti. Ho delle buone possibilità.»

Francesco non aveva commentato. E Giulia lo aveva guardato con una domanda in mente molto chiara. Più che una domanda era una constatazione: tu lo sapevi. Ma lui poi, rimasti soli, ha negato. Anzi, sembrava il più turbato tra noi. Ma solo perché io ero riuscita a nasconderlo meglio.

Può spezzarsi tutto così, in meno di un mese? Può accadere che la linea dei sentimenti, anziché sfrangiata, altalenante, contraddittoria, reversibile, lenta, nitida, poi offuscata, e subito dopo ancora una volta nitida, si possa tagliare con tanta precisione? Dividere in due le vite, non lasciare niente dall'altra parte, niente di te? Le incomprensioni sono davvero fiumi che erodono le rocce, le incidono, formando poi delle pareti perfettamente divise, e divise per sempre?

Per me è stato l'opposto: niente si è diviso. C'è una parte di me che ho lasciato ad Amos, che non potrò più riavere se lui non torna, posso mantenerla viva in un teatro che è soltanto mio.

Tengo con me delle parti di Amos. È una sciocchezza la storia delle due metà che si uniscono e compongono la mela perfetta. Stavo per ripeterlo ad Alberto, quando mi ha detto: «Lei è la parte di me che mancava...».

L'ho interrotto spazientita: «Non significa nulla».

E lui, stupito della mia reazione: «Ma è tutto qui, Anna: l'amore è semplice».

«Non è semplice» gli ho risposto.

«Sì, quando c'è il dolore lo capisco» mi ha detto, quasi a scusarsi.

«No, non è semplice anche quando non c'è il dolore.»

Non ho perso Amos proprio perché non era affatto l'altra metà. Ma io ero metà di una sua metà che non sapeva di avere, ed era lo stesso per lui nei miei confronti. E ogni volta questa parte fluttuava: c'erano stati periodi in cui non c'ero dentro di lui, e periodi in cui ero lui. Un esserci e un ritirarsi, come maree.

«Alberto, vi siete parlati con Irene, hai provato a spiegarle?»

«No» mi ha detto, «non abbiamo più nulla da dirci.»

Per Alberto l'amore è semplice. Ma l'amore è un'ossessione, non ha mai equilibrio. Non so neppure se Amos mi amasse. Ma il mio Orazio dice: "*Multa petentibus desunt multa*", molto manca a chi molto chiede. Non ho mai chiesto, quando ero con lui. Ho chiesto, dopo, che potesse tornare, anche senza restare con me. Ma non a lui, semmai alla fortuna: ad Amos non ho mai saputo domandare nulla.

Ho ricevuto una lettera da Irene che era già passato un mese. Voleva informarmi che non desiderava più mantenere rapporti con me, con Stefano, con Francesco e Giulia.

"Ho immaginato fosse la mia città di adozione, ho pensato che sarebbe stato il luogo dove sarei invecchiata felice. Ma è una città futile e velleitaria, una provincia priva di profondità che pensa di essere il centro del mondo. Me ne rendevo conto anche nel mio lavoro di ogni giorno, anche se non volevo ammetterlo. Ora ho scelto Bologna. Ed è definitiva. Non mi sono mai perdonata i troppi silenzi, le omissioni, i segreti che mi sono portata sulle spalle. Silenzi che non mi lasciavano scelta. E non ho perdonato ad Alberto questo modo scadente di farmi del male, dopo tutti questi anni difficili.

Ero stata via soltanto due giorni, e non c'era nulla che potesse farmelo pensare. Nessun sospetto, nessun gesto, niente di diverso da quello che accadeva tra noi ogni giorno. Non ho nemmeno fatto in tempo a posare lo zaino all'ingresso che mi ha detto: è finita, come in un film scritto male. E da quel momento Alberto non ha più parlato. Non ho voluto capire: non c'è bisogno di capire, e neppure di cambiare il finale. Tu, che sai di letteratura greca e latina, troveresti una citazione giusta per me.

Voglio solo dirti che le amicizie, dopo la fine di un matrimonio, restano soltanto a chi è più bravo a costruire mondi apparenti, magari in nome dell'amore. Mentre è difficile tenere compagnia alla solitudine, perché la solitudine è uno specchio freddo, riflette, non assorbe. E con il passare degli anni nessuno ha voglia di specchiarsi nei propri fallimenti.

Alberto grida al vento di essere un uomo felice. 'Questa' ha detto a Francesco 'è la mia missione.' Ma nessun uomo ha una missione, ed è un sollievo enorme scoprire di non averla. Tu lo sai almeno quanto me: quando si perde qualcuno, si perde anche quello che c'è attorno. Se non siedi più al tavolo con una persona, non siedi più a quel tavolo, perché non è più lo stesso tavolo. E in questo minuscolo appartamento ammobiliato c'è un tavolo così piccolo che basta soltanto per me."

10

L'altra sera Cecilia mi ha confessato che da anni sta scrivendo un romanzo.

«Da anni?» le ho chiesto sorpresa.

«Saranno cinque, almeno.»

«E quando lo finisci?»

«Non lo so, però mi piace non finirlo. Se lo finisco poi cosa faccio?»

«Se lo finisci, lo pubblichi.»

«Per questo non lo voglio finire.»

«Di cosa parla?» le ho domandato.

«Parla di una ragazza che un giorno, senza un motivo, è andata via da me.»

«E tu non sai più niente di lei?»

«È una persona famosa, un'attrice, alle volte appare anche in televisione. So quello che lei mostra pubblicamente ma non so più niente della sua vita privata.»

«Ma io non l'ho mai conosciuta?»

«Non credo.»

Cecilia ha sempre protetto la sua vita sentimentale. Un riserbo che non avevo capito da subito. Pensavo che non avesse voglia di legarsi per paura e che nel lavoro in libreria avesse trovato una sua ragione d'esistenza. Peraltro, era la libreria di un padre amato.

Quando erano piccole, Emma voleva continue attenzioni. Cecilia poteva restare a giocare in silenzio per un intero pomeriggio senza disturbare nessuno. Ad Amos quella figlia assennata e molto seria, se così si può dire, piaceva molto.

Negli anni successivi alla scomparsa di Amos, buona parte delle domande venivano da Emma. Cecilia aveva un'altra strategia: ascoltava, elaborava, restava di lato. Quando, ormai adulta, mi disse che avrebbe voluto fare la scuola per librai, capii che quello era il suo modo per tenersi legata al padre, senza nostalgie, in modo moderno, attivo. Era più brava di me, e io insistevo a chiederle il perché di questi fidanzati che non mi faceva mai conoscere.

«Perché non ci sono, mamma» mi rispose un giorno.

«Una vita sentimentale è importante» dissi.

Cecilia mi guardò complice: «Mamma, credi che non lo sappia? Nonostante tutto, ce lo hai insegnato tu».

«Nonostante tutto?»

Cecilia sorrise ironica: «Non è stato proprio facile, non lo è neppure ora».

«E dunque?»

«Mamma, ti giuro che la mia prossima compagna te la presenterò.»

In quell'esatto momento, in quel modo di dirmelo, che era proprio suo – *in medias res*, potrei dire –, capii che lo avevo sempre saputo senza rendermene conto. E anche Cecilia era consapevole che lo avevo sempre saputo. E allora risposi.

«Sì, ma non fare promesse che non puoi mantenere.»

«E perché non dovrei mantenerle?»

Anche quella volta pensai che Cecilia riusciva sempre a rasserenarmi. Ho il ricordo di Amos che la tiene in braccio e le sorride, mentre lei gli indica il carretto del gelataio: senza parlare, come un mimo – puntando solo il dito –, senza neanche quel "voglio" che invece Emma avrebbe detto di sicuro. Cecilia silenziosa, precisa: a lei bastano poche parole, lei sa indicare quello che desidera.

Negli ultimi anni però è cambiata, mi appare rassegnata, severa, stanca. Il nostro lavoro, quello mio e di Amos, ora è sulle sue spalle. E neanche più la domenica riesce a riposarsi, perché la libreria non chiude mai e la sera resta aperta fino alle dieci. C'è una ragazza che lavora con lei, ma non basta. Amos l'avrebbe aiutata meglio di me. Aveva un intuito straordinario. Quante volte mi diceva: «Questo libro lo venderemo». E magari si trattava di un titolo di un autore sconosciuto o eccentrico. Era il nostro gioco, scommettevamo, lui vinceva sempre e io non indovinavo mai. Con Cecilia si sarebbero divertiti.

Ho chiesto a Francesco chi è quell'attrice su cui Cecilia stava scrivendo un romanzo.

«È Barbara. Adesso fa solo cinema. Ma ha cominciato con me, nel *Giardino dei ciliegi*. Che hai anche visto. Era Anja.»

«Non la ricordo.»

«Strano, era brava, dovresti ricordarla.»

«E si sono conosciute attraverso te?»

«Sì, ma Cecilia non voleva che tu lo sapessi.»

«Perché?»

«Non lo so. Ha chiesto a me, e poi a Giulia, di non dirti nulla. Non era sicura, aveva intuito che Barbara l'avrebbe fatta soffrire. E non voleva coinvolgerti.»

«Anche Emma lo sapeva?»

«Sì, Barbara ed Emma non si sopportavano. Avevano caratteri troppo simili.»

«E quanto è durata?»

«Un anno e mezzo, forse due.»

«E perché si sono lasciate?»

«Barbara è una ragazza tormentata. Io la conosco bene. Cecilia non riusciva a starle dietro. E poi Barbara voleva portarla con lei a Roma. E Cecilia le ha risposto di no.»

«Portarla a Roma, farle lasciare la libreria?» ho chiesto preoccupata.

«Anche la libreria.»

«Allora è colpa mia.»

«Non è colpa tua, non fartene un cruccio. Con Barbara non poteva comunque durare.»

Ho immaginato di stare in cucina, di notte, a parlare con Cecilia. Si sarebbe seduta dando le spalle alla finestra. E io alla sua destra, davanti al piano cottura e ai pensili. Avrei aperto una bottiglia di vino. Cecilia non mi ha mai parlato d'amore.

La sera dopo ho deciso di andarla a trovare e farle una sorpresa. Avevo comprato una candela di quelle grandi: al profumo di arancia e cannella.

Cecilia vive al primo piano di un palazzetto dell'Ottocento. Arrivata al portone, ho sentito della musica dalla sua finestra aperta.

Mi sono seduta sul gradino di fronte e non ho più avuto il coraggio di citofonare. Ho visto dei riflessi sul vetro aperto della finestra. Cecilia non era sola, era con un'amica. A un certo punto quella ragazza ha messo la mano sinistra fuori dal davanzale lasciando cadere giù la cenere della sigaretta.

Ho lasciato la candela sul gradino del portoncino di fronte. È sempre un andarsene. È sempre un guardare qualcuno allontanarsi. Aspetterò che Cecilia torni nella mia cucina, a raccontarmi per una notte intera.

Ma tutta questa attesa non ha fatto altro che generare un'altra vita. Una vita che in modo prepotente non si è fermata, è continuata come una pianta ostinata che per crescere spacca la roccia.

Il dolore riconfigura il tempo, ne altera la durata, la consistenza. Il mio tempo non è più il loro tempo. I miei anni non sono stati e non sono gli stessi delle persone che mi circondano. La mia gerarchia della sofferenza ha gradi differenti. E non ha niente a che fare con il mondo delle persone che hanno conosciuto Amos.

Invece, dei sentimenti di Emma so ancora troppo poco. Dopo Daniel, nella sua vita c'è stato soltanto Emanuele. Emma è una donna di grande personalità ed è bella come Amos. I papà dei bimbi che vanno al suo negozio le parlano, la guardano, la corteggiano. Le volte che mi trovo da lei ci scherzo: «Emma, ma quel signore ti ha lasciato il suo numero?».

E lei, che non ama questo genere di battute, glissa, svicola subito.

«Ma cosa stai dicendo? È un cliente che viene sempre. Mi ha lasciato il suo numero perché lo devo avvertire quando arriva il Pinocchio di legno» mi ha risposto. E ha aggiunto: «E poi è impegnato».

Se chiedessi a Emma perché non ha un compagno mi risponderebbe spazientita. La vedo sempre con le amiche. So che esce, che ama il tennis, e che va al cinema, la sua grande passione. Ma nient'altro.

L'ho domandato a Cecilia.

«Che mi risulti, Emma non ha nessuno» mi ha risposto distratta, «e poi perché fai queste domande a me? Domanda a lei se vuoi proprio sapere qualcosa.»

«Francesco mi ha raccontato di Barbara.»

Cecilia, si è fermata, ha poggiato i libri che aveva in mano e mi ha guardata rassegnata: «Potevi chiedere a me. E lui ha sbagliato a risponderti. Avevamo un patto, io e lui, e questo mi fa molto arrabbiare. Ma più invecchiate e meno tenete fede alle promesse. Altro che saggezza degli anziani».

«Cosa c'è di male a dirmi di Barbara?»

«Niente, ma preferisco non parlare di sentimenti con te, ho sempre avuto paura di ferirti. Le nostre sembravano sciocchezze rispetto al tuo dolore, alla tua attesa, alla sua assenza. Una sera, avevamo dieci, undici anni, Emma e io ci siamo dette che papà era morto, che non dovevamo mai dimenticarlo. E sulla corteccia dell'albero del cortile abbiamo inciso una piccola croce, e ogni tanto mettevamo un fiore preso dal giardino della scuola. Quella era la tomba di papà.»

«E non mi avete detto nulla?»

«No che non ti abbiamo detto nulla. Non te lo dovevo dire neppure ora.»

Sono uscita dalla libreria senza neppure risponderle. Non volevo violare quel loro segreto, ma al tempo stesso avrei voluto saperne di più. Ho deciso di allungare passando dal parco della Cittadella. Sotto il vecchio platano ho visto due donne: una bionda, l'altra bruna, alte uguali. La bionda insegnava alla bruna a ballare. Sembrava un ritmo latinoamericano ma non c'era la musica. Provavano soltanto i passi. La bionda si muoveva in modo armonioso, la bruna era più impacciata.

Le guardavo da lontano. Nell'ultima luce del giorno la ragazza bionda mostrava il suo passo. La bruna provava a seguirla. Mi sono avvicinata, la bionda si è accorta di me, mi è venuta incontro.

«Signora Anna, si ricorda? Sono Maria, ero a scuola con Emma.»

«Maria, e come potevo riconoscerti dopo tanti anni?»

«Lei è Michela, mia sorella, le insegno a ballare.»

La sorella è rimasta ferma, guardava verso il basso, ha accennato un vago sorriso.

«Michela era in classe con Cecilia, nei due anni di ginnasio.»

«E poi non più?» ho chiesto.

Maria ha abbassato la voce per non farsi sentire: «Non si ricorda dell'incidente? Non ha più parlato da allora. Negli ultimi tempi con il ballo va meglio... a quest'ora è tranquillo, non c'è più nessuno al parco».

Non ricordavo l'incidente. Ho chiesto ancora: «Non ha più parlato?».

«Eh, no» mi ha risposto Maria. Convinta che lo ricordassi.

Maria mi ha fatto un cenno di saluto ed è tornata da Michela. Le ha detto qualcosa all'orecchio e hanno provato di nuovo quel passo.

Ma prima Michela mi ha guardato, ha baciato l'immagine di una catenina che portava al collo, e ha ricominciato a seguire i movimenti di Maria.

Forse anche Amos ha smesso di parlare, e qualcuno si prende cura di lui.

Le ho guardate da lontano: si muovevano incerte, cercando di fare gli stessi passi. Me ne sono andata. Quell'incidente è ancora lì, tra loro, in quella scena davanti a me.

11

Ogni volta che ripenso ad Amos vedo un uomo che sparisce di continuo.

Accadeva in libreria: mi voltavo e lui, che era a pochi metri da me, non c'era già più. Anche se era andato soltanto nell'altra stanza. Era un movimento improvviso, silenzioso, come un prodigio. Accadeva anche a casa. Alle volte non lo trovavo, magari era in un punto del corridoio con un libro che aveva appena preso da un ripiano, o ti aspettavi fosse in soggiorno e invece era in cucina. Succedeva anche per strada. Camminavamo affiancati, io mi giravo verso di lui, e non c'era. Era rimasto due metri indietro perché si era fermato davanti a un vetrina che lo interessava. Erano piccole sparizioni, preludi a qualcosa che sarebbe venuto dopo. Ancora oggi lo penso accanto a me, poi mi volto e non c'è più. Riesce a sparire anche senza esserci.

A distanza di tanti anni ho provato a mettere a fuoco il suo sguardo quando mi ha risposto: «Non voglio, non c'è bisogno».

Mi sono concentrata sulla prima parte della frase: «Non voglio». Era così assertivo. Più si allontana tutto il resto e più quella frase si fa nitida: con lui in piedi e la mano ferma sulla maniglia abbassata della camera, come una fotografia che nessuno ha mai scattato. E io che non mi avvicino per convincerlo a non andare, ma resto a metà, indecisa. Come se quel metro, forse due, che mi separava da lui fosse già lo spazio originario della nostra separazione.

È impossibile dialogare con le ossessioni. Negli anni mi sono domandata quali erano stati i miei pensieri in quella mezz'ora in cui era del tutto normale che lui tornasse, a cosa ho pensato nel tempo di quella sigaretta, di quella passeggiata. Insomma, cosa speravo, ancora, quando la passeggiata era una passeggiata, la sigaretta durava il tempo di una sigaretta, e i minuti erano ancora tutti in ordine? Ho pensato che non sarebbe tornato? Una notte ho sognato qualcuno che non riconoscevo, poco più di una voce nella nostra strada di casa diventata buia. Mi diceva: "Lo sapevi da subito, e non hai fatto nulla per fermarlo".

Lo sapevo da subito? È il mio tormento, ormai da anni. L'unico dei miei tormenti che non è mai diventato parola. L'unico che non potevo mostrare. Di cui non posso parlare, neppure adesso. Emma e Cecilia non devono sapere del suo sguardo di quel momento.

«Non voglio...»

Uno sguardo smarrito e indelebile, come il viso truccato di un attore che non può più tornare come prima, perché la maschera lo ha cambiato, la maschera è diventata il viso.

E il rumore della porta? Come la chiuse? Lievemente, come un soffio, un *clic* leggero della serratura. L'ultimo suo gesto era in quel *clic* meccanico, quasi trascinato. E ogni volta che chiudo una porta risento il suo passo nel corridoio, attutito dalla moquette, che sfuma nel nulla. E allora comincio a parlare da sola. Mi ritrovo a chiedere a un medico immaginario cosa sia accaduto nella mente di Amos. Non parlo della memoria. Parlo del suo andarsene. Non è più tornato perché ha dimenticato? O se ne è andato per poter dimenticare?

A Roma, prima di scendere la scala, eravamo al secondo piano, sentii che per un attimo si era fermato. Come se la scala fosse l'ultimo confine, un deserto da attraversare.

Sono andata a riprendere dalla mia biblioteca il vecchio libro di Giulia sul deserto del Taklamakan. Ormai è fuori catalogo da anni. C'è una dedica ad Amos, l'anno è il 1966. E c'è la foto della gabbia in copertina, una gabbia grande, di quelle che si vedono allo zoo, solo che è nel mezzo di un deserto, dentro un orizzonte di sabbia. *Taklamakan* significa "mare della morte". Ma anche "luogo deserto, abbandonato". Gli uiguri, che abitano la zona occidentale della Cina dove si trova il deserto, dicono che *taqlar makan* significa "luogo delle rovine".

Ho chiesto al mio medico immaginario cosa si intende per "luogo delle rovine". Lo chiedo anche a me stessa. Agli uomini non è dato sopravvivere in un deserto come quello. E non si vive tra le rovine, si ammirano, tra ricordi di splendore e macerie, dove anche la pietra più misera, il blocco di travertino più anonimo, prende un significato e si fa sacro.

La sera dopo, alla Mora, in trattoria, guardavo tutti i miei amici, era mercoledì sera, con noi c'era anche Alberto con Sabina, la sua nuova compagna. Cenavamo con la diffidenza verso il cibo che ti viene quando cominci a essere vecchio. Gli spinaci non li digerisce Francesco. Quella allergica ai crostacei è Giulia. Chi preferisce evitare le uova è Alberto. Riguardo a me, la carne mi appesantisce. E il vino bianco è pieno di solfiti, e a Francesco dà il mal di testa, per cui beve il rosso anche con il pesce. Mentre Stefano è vegetariano. Le rovine dei nostri corpi, dopo tutti questi anni, hanno trasformato i menu alla carta in un complotto contro la convivialità. Da giovane nulla è impossibile. Dopo, tutto è impossibile.

«Perché non possiamo tenerci il passato come un paesaggio di rovine? Perché non riusciamo a sopportare i frammenti delle nostre vite?»

Tutti si sono zittiti e mi hanno guardato con una complice perplessità.

Quando faccio queste domande – e le faccio senza retorica, senza enfasi, persino con ironia – passa sempre qualche secondo prima che loro mi rispondano. In quei pochi secondi pensano di sicuro: "Siamo di nuovo su Amos". Mi perdonano all'unanimità, se così si può dire. E solo poi ragionano sulle mie parole, sforzandosi di dimenticare quella che sono diventata.

«Noi non siamo la Storia, con la S maiuscola, Anna. Le rovine le crea la Storia. Noi che invece viviamo nella storia con la s minuscola possiamo accontentarci di frammenti minimi, incoerenti. Le nostre rovine sono cenere sparsa in mare.»

Ho detto a Giulia che ho rivisto quella sua foto nel deserto cinese, quella sulla copertina del suo libro: la gabbia abbandonata in un mare di sabbia.

«Nessuno sa il perché. E nessuno sa come sia rimasta quasi intatta nonostante le tempeste che ci sono da quelle parti. Forse trasportavano una tigre e poi l'animale è fuggito. Così hanno abbandonato la gabbia che non serviva più. Come quelle giostre in riva al mare che fotografava Luigi Ghirri. La porta della gabbia era aperta: è questo che mi ha fatto impressione.»

«Ma da quanto tempo è là?»

Giulia ha alzato le spalle: «E chi può saperlo...».

12

Mio padre Ferruccio era figlio di un gerarca e di un'attrice dell'avanspettacolo. Fu chiamato alle armi nell'autunno del 1941. Non tornò più, fucilato dai partigiani, ad Alba, nel dicembre del 1943.

Solo dopo molti anni mia madre si decise a parlarmi di lui. Era la sera che tornai dal primo giorno di lezioni all'università.

«Avevo diciotto anni e mezzo. Ci sposammo che ero incinta di tre mesi. Era il 10 luglio 1941, non sono date che dimentichi. La cosa strana è che con il tempo ricordi le date e scordi quel che c'era dentro le date. Con tuo padre ci eravamo conosciuti a gennaio, a casa di mia cugina. Ci piacemmo subito, lui era iscritto a legge. Dopo tre mesi restai incinta di te. Tuo nonno era furioso, non voleva che lo sposassi, perché quella era una famiglia di fascisti. Tua nonna aggiunse che in tempo di guerra non ci si sposa. Ma Ferruccio non volle sentire ragioni: facemmo le pubblicazioni e mi portò all'altare. Pochi giorni prima due suoi amici erano stati mandati in Russia, ma lui diceva che se lo arruolavano restava in qualche ufficio, per i poteri che aveva il padre. Alla fine di ottobre gli arrivò la cartolina e fu mandato a Roma, al ministero della Guerra. Pensai che fosse il male minore. Ma riuscii soltanto a fargli sapere che eri nata. Dopo l'8 settembre scoprii che si era arruolato nella Repubblica di Salò. Avevo frequentato tuo padre per pochi mesi, e poi fu tutto così veloce. Il matrimonio, la sua partenza, le poche lettere che arrivarono. Anna, io non volevo che si sapesse che eri figlia di un repubblichino, non volevo che lo sapessi neppure tu. Ti dissi che era morto in guerra e hai sempre pensato che tuo padre fosse un eroe. Era giusto che lo facessi, anche i tuoi nonni erano d'accordo con me, ma sono stanca di nascondermi: sono stata una ragazza madre che si è sposata di fretta, senza capire. Tante volte mi sono chiesta che vita avrei fatto se lui fosse tornato.»

Per sfuggire ai bombardamenti nonna e mamma avevano trovato ospitalità in una cascina a pochi chilometri dalla città. Rimanemmo lì per qualche anno, anche dopo la fine della guerra.

Di quell'infanzia ricordo che avevo paura del fuoco. Ancora oggi sogno la ferrovia che brucia nella notte. La sera che Amos non è tornato, nella hall dell'albergo avevano acceso il camino. Guardavo il fuoco impaurita. Bruciare, lasciare soltanto cenere: era quello che mi sarebbe accaduto. Mi spaventano sempre gli spettacoli pirotecnici, i fuochi fatui, e quelli che immagino soltanto io: quando credo di vedere un incendio in campagna e invece è solo un cielo di rame scuro.

La guerra era tutta un'assenza e un mistero. Mia madre venne informata della morte di mio padre nell'estate del 1944. Di mio nonno, che si era unito alle brigate partigiane, non avevamo notizie, e nonna diceva che era meglio abituarsi a pensare fosse morto, perché non ci scrisse mai.

Tornammo in città nel 1947, in tempo per la mia prima elementare. Mi iscrissero alla sezione B alla scuola statale Edmondo De Amicis. Era l'unico edificio rimasto in piedi. Gli altri erano stati bombardati, e c'erano ancora le macerie. Quando tirava vento la polvere si incollava ai vetri e la luce che filtrava tingeva le pareti di un giallo senape. Eravamo sedici bambine e la maestra era la mia mamma: stavo nella sua classe ed ero felice, mi sentivo meno sola in quella città che non conoscevo.

Mia madre mi avrebbe voluta maestra elementare come lei. L'idea che facessi l'università la spaventava. Al primo esame di filologia greca fui bocciata. Il professor Petroni scrisse 16 sul mio libretto. Lo guardai incredula. Lui non cambiò il tono gelido della voce, non provò neppure a spiegarmi. Disse soltanto: «Non torni per almeno tre mesi. Ma potrebbe rifarlo anche tre o quattro volte prima che le possa dare un voto sufficiente».

Lo ringraziai, regalandogli un sorriso incosciente.

Tornai dopo tre mesi e mi congedò con un misero 25. Fui costretta ad accettarlo: «Di più non potrebbe prendere» disse. Non mi offesi, intuivo che dovevo conservare le forze per il dopo.

Alla fine del 1961 mia madre si ammalò. Da mesi aveva un mal di stomaco persistente e si credeva fosse un'ulcera. Ma dopo il giorno dell'Immacolata fece un nuovo esame e scoprirono che si trattava di un cancro al pancreas. Già dalla fine di gennaio non riusciva più ad alzarsi dal letto e neppure a mangiare. Il pomeriggio, quando restavo con lei, mi chiedeva di accendere la radio, sul secondo canale. Voleva sentire la musica e i radiodrammi.

Aveva compiuto trentanove anni da pochi giorni, il 21 di gennaio, ed era diventata sempre più piccola, esile: ormai pareva una bambina. Volevo imprimermi tutto nella memoria: il suo modo di guardarmi e di guardare davanti a sé. Era un mio tempo anche quello. Quel lembo di vita ci univa, ci aiutava a pensare che per un futuro, anche breve, lei era ancora con noi.

Sentivamo le opere alla radio: Verdi, Puccini, Mascagni. Certi giorni accompagnava il canto ripetendo, mormorando le parole del libretto. Un giorno diedero un radiodramma: era *Zoo di vetro* di Tennessee Williams. Ascoltammo fino alla fine. Poi mamma mi chiese di spegnere la radio. E prese a parlarmi con fatica.

«Avevo in classe una bambina che era rimasta zoppa per la polio, proprio come la protagonista di *Zoo di vetro*. Era orfana di madre e io aiutavo il papà, erano soli al mondo: andavo da loro il pomeriggio e cucinavo qualcosa, portavo a casa le camicie del padre e le stiravo qui da noi. Tu mi capisci vero?»

«Sì, ho capito, e non c'è nulla di male» risposi.

«No, non c'è nulla di male. Vorrei saperli un po' felici.»

Riuscii ad avvertirli. Vennero a trovarla. Quella ragazza si chiama Lara.

Nell'ultimo mese mamma soffrì molto. Morì il 3 di aprile. Era un martedì: al funerale c'erano anche Lara e suo padre Duilio, un amore che mia madre non è riuscita a raccontarmi come avrebbe voluto.

Passarono otto anni. Avevamo aperto da pochi giorni e Lara entrò in libreria. Mi disse che suo padre era andato in pensione e si era trasferito in riviera, sopra Camogli, e che mi salutava tanto. Voleva regalargli un libro, mi chiese consiglio. Scelsi *Il dottor Živago*.

Non ho mai raccontato ad Amos questa storia.

13

Ho trovato una cartolina spedita al vecchio indirizzo di Amos. Il timbro postale dice: Riomaggiore 2 marzo 1963. Il francobollo è da 50 lire. L'immagine mostra il borgo stretto tra la montagna e il mare, con le case che paiono proteggersi, appoggiate una sull'altra. Poche parole, in tedesco: *Verloren in den Feuerfontänen, zwischen Eisskeletten sucht' ich den Weg.*

La cartolina era dentro un libro di Carlo Cassola che neanche sapevo di avere: *Storia di Ada*. Sulla copertina Einaudi c'è un dipinto di Matisse. Il libro stava in mezzo ai testi di scuola delle ragazze. La cartolina era tra due pagine bianche, prima del frontespizio.

Ho portato il romanzo in libreria, per leggerlo, sperando in qualche cliente che sapesse tradurmi la frase. C'era un professore che ordinava dei libri in tedesco. Ho chiesto a Cecilia se quell'uomo veniva ancora.

«È tanto che non lo vedo.»

«Ma tanto quanto?»

Cecilia mi ha guardato con stupore.

«Ma come faccio a ricordarmi? Sarà un anno, magari anche di più.»

Rispondendomi ha notato il libro che avevo con me.

«Quello era mio. L'ho letto alle medie.»

«E dove lo hai trovato?»

«Me lo hai regalato tu. Era di papà.»

«E dentro c'era questa cartolina?» le ho chiesto, mostrandola.

Cecilia l'ha guardata senza darle troppa importanza: «C'è una frase in tedesco. Sarà stata qualche sua amica. Da Riomaggiore poi... Papà andava al mare a Riomaggiore?».

«Credo di sì.»

Cecilia ha guardato il timbro sul francobollo. «Papà non lo conoscevi ancora nel '63?»

«No, non lo conoscevo» ho risposto.

«E la frase in tedesco?»

Cosa ne potevo sapere di quella frase in tedesco? Ho preso il libro e ho rimesso la cartolina tra le pagine.

È stata Giulia a farmi tradurre quelle parole. Ha chiesto a un'amica che insegna all'università. Dice che non è una frase, ma sono dei versi: "Smarrita tra zampilli di fuoco, tra scheletri di ghiaccio cercavo la strada".

Ho lasciato la cartolina sulla scrivania dove Amos faceva i conti e riordinava i documenti. C'è ancora la sua calcolatrice grigia e verde di metallo, con il rullino di carta bianca.

Un pomeriggio, Cecilia scriveva qualcosa al cellulare. Le ho chiesto cosa stesse facendo. Mi ha detto di aver scattato una fotografia della mia cucina e di averla appena pubblicata su Facebook.

«Ma ci sono anche io nella foto?»

Ha riso: «Sì».

«Ma perché?»

«Ormai lo fanno tutti.»

Ho pensato alla moglie di Stefano, alle cose nascoste della mia vita, alle stanze chiuse a chiave. C'è un prima e c'è un dopo. Quante volte Stefano avrà potuto parlare con la moglie? E ci sarà stato un momento in cui tutto era ancora intatto?

Ora che sono vecchia so che i miei amici li ho tenuti assieme io. Legati stretti perché non si disunissero. Ma quella terra, dove gli altri vanno a nascondersi, l'ho conosciuta, presidiata come una sentinella vigila sul confine, andando avanti e indietro, cercando di guardare fin dove è possibile. Le mie ragazze si sono risparmiate l'orrore del confine.

Mi è arrivata una lettera di poche righe: si diceva che Susanna era morta da una settimana, dopo una breve malattia. Lei desiderava fossi avvertita.

Sono rimasta in piedi, ferma, davanti alla finestra della cucina, con in mano quella lettera. Una donna, inquadrata nella finestra di fronte, seduta a un tavolo, stava scrivendo su un foglio. Non l'avevo mai vista prima di quel momento. Sono rimasta a guardarla con un senso di straniamento, come fosse lei la persona che mi aveva mandato quella lettera. L'ho fatto con una tale insistenza che ha alzato gli occhi e mi ha fissato.

Mi accadono queste coincidenze: le chiamano "sincronie". Mi arriva una lettera, guardo fuori e vedo una persona che scrive una lettera. Tante volte ho chiuso gli occhi, magari quando stavo in un luogo dove ero passata assieme ad Amos, o dove lui amava andare, pensando: "Ora li riapro e lui è lì". Ma da tempo non lo faccio più.

«Sei diventata più saggia» mi ripetono.

No, essere saggi vuol dire mettersi al di sopra della vita, e persino della morte. Non sono stata saggia. Sono stata malinconica, questo sì. Vorrei esserlo ancora ma non è più il mio tempo. Quel mondo irreale in cui ho vissuto, dove l'assenza è presenza e intensità, è ormai alle mie spalle. Non significa che starò meglio, significa che nella scala della mia esistenza sono scesa ancora di un gradino, verso una solitudine più profonda.

Ho smesso di guardare la donna alla finestra di fronte. Sembrava infastidita. Ma intanto lei ha piegato in quattro il suo foglio, in modo frettoloso, e lo ha messo in una busta. Ho riletto la mia lettera: solo una notizia, non una parola in più. La cugina di Amos mi aveva aiutato come poteva. Ora la sua morte "mi diminuisce", scriveva John Donne.

All'inizio, in libreria, era un viavai di persone che facevano parte della nostra comunità. Parlavano di Amos, chiedevano notizie, erano tracce e speranze. Poi accadde sempre meno.

Un pomeriggio entrò Cesarino, un libraio amico di Amos. Era con una badante: malfermo sulle gambe e del tutto svanito. Mi disse subito che aveva appena compiuto novantasei anni. Era fiero della sua età, ma la badante mi guardava come volesse avvertirmi del fatto che ormai non ragionava, e scusarsi di quella visita che avrebbe evitato.

«Sono venuto a salutare Amos. Dovevo venire io. Lui non è più passato nella mia libreria.»

Cesarino aveva chiuso la sua libreria un anno dopo che avevamo aperto noi. Erano passati trent'anni.

«Cesarino, oggi Amos non c'è. Non è venuto in libreria.»

Restò in silenzio, dubbioso: «Ma tornerà?».

«Certo che tornerà.»

«Allora glielo dica di passare, che lo aspetto.»

Ormai nessuno mi parlava più di Amos, nessuno mi chiedeva se sarebbe tornato. Ormai lo aspettavamo in due: io e un uomo senza memoria.

Accadde che un giorno decisi di non aprire la libreria. Mi vestii con le prime cose che trovai, uscii e presi la strada che andava nella direzione opposta. Cominciai a camminare per la città. Una mia cliente, incrociandomi, mi disse che stava giusto andando in libreria perché aveva bisogno di un testo per la scuola: «C'è qualcuno, vero?».

Non c'era nessuno, ma risposi che sì, il negozio era aperto. Feci una strada che sembrava portare lontano, ma la libreria sta ai margini del quartiere medievale e dopo un lungo giro mi ritrovai, senza rendermene conto, sul marciapiede opposto alle mie vetrine. Tre persone aspettavano che aprissi. Allora Emma e Cecilia erano ancora adolescenti e facevo tutto da sola. Misi la mano nella tasca, le chiavi c'erano, mi parvero più fredde del solito. Mi avvicinai alla porta, mi scusai dicendo che avevo dovuto risolvere un problema e aprii. Ero in ritardo di mezz'ora ma i clienti sembravano tranquilli. Avevano capito, a modo loro mi stavano proteggendo.

Quella mattina mi chiesero una copia dei *Sillabari* di Goffredo Parise. Andai a prenderlo nell'altra sala, e mentre tornavo verso la cassa lo aprii a caso e lessi una riga. Diceva: "Mandami una cartolina qualche volta per ricordo".

Ecco, anche una cartolina mi sarebbe bastata. Senza una parola in più, solo il mio nome e l'indirizzo di casa nostra, oppure della libreria. Avrei riconosciuto il modo che Amos aveva di scrivere la A maiuscola di Anna, con il trattino orizzontale che si allungava verso destra, e sembrava un trampolino sul vuoto delle righe successive.

14

Sono arrivata all'ultimo tratto di corridoio, quello dove non ci sono più porte che si aprono a destra o a sinistra. La fine di un'attesa non è la meta di qualcosa, è proprio un non arrivare, un silenzio del vivere che senti più forte.

Una domenica ero seduta al caffè della Loggetta. Mi ero portata un libro e mentre leggevo mi sono accorta di un uomo a un tavolino poco lontano da me. Guardava verso un punto imprecisato della piazza.

Ho alzato gli occhi verso di lui mentre prendeva dalla tasca una penna, una stilografica di quelle belle, che usano i capi di Stato quando devono firmare un trattato importante. Tenendo la penna con due dita ha cominciato a bussare, proprio così, a bussare – tre, quattro, cinque volte – sul bordo della tazza vuota che aveva davanti a sé. Non è stato il suono a sorprendermi, ma il silenzio che si apriva tra un bussare e l'altro. La mia attesa è questa: ogni volta che qualcuno nomina Amos, ogni volta che vedo la sua ombra per casa, ogni volta che lo ritrovo a un angolo di strada che gli era appartenuto, dentro un negozio, da un barbiere, dentro finanche un pacchetto di sigarette aperto da lui e rimasto per anni in un cassetto, ognuna di quelle volte è un bussare sul bordo della mia tazza vuota.

Sono andata a trovare Cecilia. È stata felice di vedermi.

«Mi tieni compagnia in cucina? Devo iniziare a preparare una torta.»

Dov'è l'inizio della preparazione di una torta? Quando prendi le uova? Quando cominci a riscaldare il forno? Quando estrai la teglia dalla credenza? O l'inizio è ancora prima? Al supermercato, quando scegli gli ingredienti?

Non sono mai stata capace di cucinare una torta e non saprei come iniziarla. La fine di una torta è invece netta, precisa: cotta per un certo numero di minuti, che non so quanti siano, con il forno a 180 gradi. E la fai uscire quando il colore è giusto.

La torta finisce quando la tagli, ma inizia quando la pensi. E fai mente locale su quello che ti manca. Non ho la cannella, devo scendere all'alimentari. Avrò abbastanza zucchero? O l'hai iniziata ancora prima, la sera precedente, quando hai pensato, mentre ti lavavi i denti: domani mi piacerebbe fare una torta di mele. O ancora una settimana prima, dopo che hai sfogliato in libreria uno dei tanti testi di cucina con i cuochi in copertina: ricette facili, ricette difficili, ricette ordinate per il tempo che ci vuole, e quelle che si cucinano con gli avanzi.

Cecilia mi ha detto che doveva cominciare una torta e io mi sono chiesta dove fosse iniziato Amos nella mia vita. Perché sulla fine, al contrario della torta di mele, non avevo certezze ed era una fine dai bordi bruciati. L'inizio, invece, era soltanto mio. L'inizio faceva a meno di Amos: era un padre che non avevo mai avuto, e non solo, anche nascosto, una madre persa troppo presto. È stato un vuoto che ho riempito di libri e di idee perché non precipitassi.

Sono stata una bambina silenziosa. Ho vissuto la mia infanzia all'insegna di una solitudine popolata di pensieri, di storie, di attese. Ho aspettato Amos senza cercarlo. È stato come la torta di mele di Cecilia. Ho pensato che volevo un uomo accanto, ma poi ho avuto tutto il tempo per dimenticare questo desiderio. Ho preso lo zucchero, ho comprato le uova, e ho acceso il forno. Niente era atteso, niente era scritto. Ma niente è scritto prima di scrivere: si tratta di scrivere, non è difficile.

La fine è prevista, è solo questione di tempo. Bisogna sapere quando la torta sarà cotta, sapere dove termina la strada, a che punto la scogliera sprofonda nell'ignoto.

La fine è netta, è un lampo, una necessità persino, ma non per me. Vivo dentro una fine lunga e lenta che si è mangiata anche i miei inizi, perché mi ha costretta a rivederli, a ripensarli, con quel poco di speranza che mi è rimasta.

La fine non è stata una scogliera, una strada inaspettata che si interrompe all'improvviso, ma un tornare indietro. Oggi provo a riordinare la mia fine: è un grappolo di note musicali a cui devo restituire una melodia, ma ogni volta non è la canzone che volevo, quella che ricordavo.

«Mamma, perché sei così silenziosa?» mi ha chiesto Cecilia.

«Mi stavo domandando una cosa stupida.»

«Cosa?»

«Non mi va di spiegarla.»

«Be', dilla lo stesso.»

«Hai deciso oggi di preparare la torta?»

«No, ieri. Me l'ha chiesta Emanuele. Ha passato il primo esame all'università. Perché me lo chiedi?»

«Oh, niente» ho risposto, «stavo pensando al modo di iniziare le storie.»

«Le storie? Cosa c'entrano le storie?»

«Sciocchezze. Lascia perdere. Sempre a fare troppe domande, tu.»

Cecilia ha alzato le spalle: «Appena è pronta passo da Emma e gliela porto».

Non esistono veri finali. Ognuno finisce come può. Aiutandosi con i ricordi. Ma ricordare non è vivere, è solo guardare. Quando sei dentro il tempo della vita i ricordi sono un'imbastitura: entrano ed escono, ti accompagnano in quel che fai, ti consigliano, persino. La chiamano "esperienza".

L'esperienza è un dialogo con i ricordi. E non tutto è così netto, così definito. Eppure, Amos non era un uomo di ricordi, semmai di nostalgie.

C'è quella pagina di Kundera, dove si parla della nostalgia e del ritorno: la rileggo ogni volta che ne ho bisogno. In greco "ritorno" si dice *nostos*, mentre *algos* significa "sofferenza". La nostalgia è dunque la sofferenza provocata dal desiderio inappagato di ritornare. Gli spagnoli per dire nostalgia usano la parola *añoranza*. È l'ignoranza di non essere più capace di immaginare quello che sei diventato, che cosa ne è di te. Quindi ci sono due tipi di nostalgia: *nostos-algos*, la sofferenza di non poter tornare, e *añoranza*, la sofferenza di non poter più sapere. La prima potrebbe essere quella di Amos, la seconda è la mia.

Era il 1° maggio del 1977, da quasi sei mesi non avevamo più notizie di Amos. Eravamo a pranzo nella casa di campagna di Giulia e Francesco. Gli alberi erano ancora esili, piccoli, sorretti da quei tralicci di legno che li tenevano dritti a dispetto del vento che arriva dalla valle. Era tutto improvvisato: una tovaglia di plastica, i bicchieri della nonna opachi di calcare, il vino nel fiaschetto coperto da una rete in vimini, e la brace per la carne. Giulia aveva appena parlato con un suo amico fotografo. L'aveva chiamata da Parigi.

«A Buenos Aires le donne stanno manifestando davanti alla Casa Rosada, la sede del governo.»

«Contro la dittatura?» chiese qualcuno.

«Vogliono conoscere la sorte dei figli. Arrestati e spariti nel nulla. Forse li hanno uccisi. Sembra siano migliaia, ma non c'è un solo giornale che ne parli. Domani chiedo il visto per l'Argentina, ma non credo che me lo daranno.»

Eravamo tanti a tavola e alcuni non li conoscevo: c'erano degli amici di Giulia, c'erano anche due attori di Francesco, proprio in quei giorni impegnati nelle prove del *Sogno* di Strindberg. Uno dei due commentò: «Deve essere terribile sparire così. Terribile il dolore che si prova a non avere una tomba su cui portare i fiori, né un posto per riposare su questa Terra».

Scese il silenzio. Si sentivano soltanto le voci di Emma e di Cecilia che giocavano sul prato. Il ragazzo non capiva, era evidente che non sapesse nulla di Amos.

Un'amica di Giulia, cercando di alleggerire la tensione, si rivolse alle bambine chiedendo se volessero il gelato.

L'imbarazzo passò. Guardavo gli alberi che avevano piantato: sarebbero cresciuti, e sarebbero cresciute Emma e Cecilia, e noi forse saremmo diventati vecchi, tutti, tranne Amos.

Per quel che mi riguarda, capisco solo oggi che il mio modo *ostinato* mi ha protetto. Nella musica l'*ostinato* è un tema ripetuto a oltranza, e di solito è un basso che serve a staccare le altre voci della melodia. Per i nostri amici, miei e di Amos, la vita, il cantare nel mondo, si reggeva sul mio basso ostinato. Ma quando il mio ostinato si è fatto via via più sfumato, fino al bordo sottile dell'inconsistenza, anche la melodia non è stata più la stessa.

Oggi sono ancora tutti vivi, ma ognuno di loro è perso in un suo universo. Ognuno di loro ha avuto la sua vita, i suoi successi, anche, ma quel basso *ostinato* è stato un fuoco che ha reso cenere la mia vita, e non ha permesso loro di essere come avrebbero voluto. La storia di Amos è stata un destino collettivo: non solo per le mie figlie e per mio nipote. Ma questo destino che abbiamo condiviso non mi ha consolato, non ha alleviato il mio dolore. Perché soltanto io ho vissuto il lutto.

Il dolore è una tempesta, il lutto è una deriva. In quel periodo avevo cercato di non dimenticare le abitudini che avevo con lui. Non preparavo il caffè ogni giorno anche per Amos, versandolo nella sua tazzina, solo perché c'erano le bambine. Ma le volte che Giulia veniva a prendere Emma e Cecilia e le portava al negozio di giocattoli o a comprare un vestitino finiva che lo facevo: due caffè, uno per me e uno per lui. E siccome sul piano del tavolo, davanti al suo posto, c'era ancora il segno della tazzina calda (quando aveva fretta non usava il piattino), la mettevo proprio su quel segno. Poi mi alzavo, uscivo dalla cucina e guardavo la sedia, il tavolo con al centro il vaso di fiori, il suo posacenere di vetro che non ha più usato nessuno, dove ora poggio le chiavi di casa. E mi pareva di essere dentro una natura morta di Giorgio Morandi.

Smisi dopo quel 1° maggio. Non andai allo spettacolo di Francesco, per non riascoltare la voce di quell'attore. Qualunque testo avesse recitato, per me avrebbe detto sempre e solo quelle parole: «Deve essere terribile sparire così...».

Non riesco a ritrovare una poesia di Blaise Cendrars sull'aurora e sui tramonti. Cendrars diceva di preferire l'aurora quando tutti amano i tramonti.

Per tanti anni è stato così anche per me. Mi svegliavo molto prima di Amos e aspettavo il sorgere del sole, lo trovavo più romantico, più intenso, più evocativo. Adesso che sono vecchia comincio a guardare i tramonti: non per romanticismo, ma perché mi fanno paura. Ora sono un conto alla rovescia, ognuno di loro è diverso, ed è sempre uno in meno, questo è il mio senso della fine. Da quando ho cominciato a far caso ai tramonti, anche quando sono soltanto uno spicchio di cielo tra un palazzo e un altro, sento che il tempo di Amos non c'è più. Il tempo di Amos è stato quello del sorgere del sole, dell'alba di ogni mattina che era un preludio a qualcosa che in principio sarebbe accaduto, poi con gli anni sarebbe potuto accadere, e alla fine non potrà accadere. È la mia nuova ragionevolezza, anche se non so cosa farmene.

Soltanto dalla camera delle ragazze riesco a vedere i tramonti, perché è esposta a occidente. Così ho spostato una delle due scrivanie sotto la finestra. Ho preso qualche libro di poesie: il mio Ovidio, Catullo, Baudelaire, anche Walt

Whitman, che vorrei sempre rileggere e non lo faccio mai, e quell'edizione di Montale che ad Amos sarebbe piaciuta, quella dell'opera in versi curata da Gianfranco Contini, e ho messo i libri sulla scrivania. Quando sono a casa, ed è l'ora del tramonto, comincio a leggere e ogni tanto guardo che colori escono dal cielo.

Le albe le ho abbandonate, non promettono più niente: sarebbero per i giovani, ma loro se le perdono, non le guardano. Anche per loro contano i tramonti perché sono preludio alle notti. Ma per chi riempie le notti di rimpianti, i cieli rossi anticipano soltanto quello che non vorremmo che accadesse: la fine del tempo. Nel momento in cui decidiamo che una storia può considerarsi finita, ci accorgiamo che non è verso quel punto che portava l'azione del raccontare, che quello che conta è altrove, è ciò che è avvenuto prima.

15

Pioveva forte. Temevo di cadere per strada, c'era vento. Ho sentito il bisogno di proteggermi e non so dire se è stato per questo che sono entrata in chiesa. Il portone di San Ponziano era aperto: dentro sembrava ancora più piccola, ha soltanto una navata.

Non conoscevo il parroco, era un sacerdote anziano, affaticato, infreddolito dal gelo di quella giornata. Mancava poco alla chiusura e stava spegnendo le candele accese dai devoti. Mi sono seduta all'ultimo banco. Lui, passando accanto a me, mi ha chiesto se avevo bisogno di confessarmi. Ho detto di no, ma l'ho ringraziato.

«È venuta per trovare riparo?»

Ero imbarazzata. Non volevo ammettere che si trattava della pioggia e non di un altro tipo di riparo. Lui deve aver capito.

«Se vuole la faccio accompagnare con l'ombrello dal ragazzo che mi aiuta in sagrestia.»

«Grazie, è gentile. Ma ora smetterà.»

Mi ha soppesato con gli occhi.

«Lei è la libraia. Conoscevo anche suo marito.»

L'ho guardato sorpresa.

E ha aggiunto: «È stato molto doloroso, non è vero?».

«Non riesco a risponderle» ho detto.

«Lei ha letto la Bibbia? Lo conosce il Libro dei Proverbi?»

Non ha neppure aspettato la mia risposta, e ha ripreso: «Un'attesa troppo prolungata fa male al cuore, un desiderio soddisfatto è albero di vita».

«Padre, il mio desiderio è stato quello di aspettarlo. Ancora oggi lo vorrei, ma non è più come un tempo.»

Ha scosso la testa. Poi, faticando a piegare le ginocchia, si è seduto vicino a me.

«Le vede queste candele? Tutte le sere faccio il giro della chiesa e le spengo. Ogni candela che spengo è stata una preghiera della giornata, una speranza, un dolore, e ogni candela un'offerta. Ci sono dei fedeli che tornano giorno dopo giorno, e accendono una nuova candela. Tutti speriamo in qualcosa. E ricominciamo a sperare ogni giorno.»

«Padre, so che non tornerà, e io non so pregare.»

«Anche l'attesa è una preghiera. Ma il Signore le chiede di non trascurare il dono della vita.»

«Nessuno può chiedermi di ricominciare a vivere. Non ne ho più il tempo, ormai.»

Ha abbassato gli occhi, e ha detto con pudore: «Che cos'è mai il tempo di questa esistenza terrena di fronte alla vita eterna?».

Non gli ho risposto che sapevo bene cosa fosse il tempo. Ho detto soltanto: «L'attesa è un atto di viltà. È un modo per stare fermi, per non cambiare nulla. Non ho affrontato il dolore, non ho combattuto contro la sorte. Ho spostato la speranza sempre più in là, alla fermata successiva. E aspettando, alla fine sono stata io a dimenticare il mio nome. Adesso è troppo tardi, non è vero?».

Lui mi ha guardata dritta negli occhi. Con una mano ha afferrato la spalliera della panca. L'ha stretta forte, a saggiarne la resistenza, come un alpinista che prova la tenuta di un chiodo conficcato nella roccia prima di affidargli tutto il suo peso. Poi, con uno sforzo, si è alzato in piedi: «Lo sa cosa significa la parola "sacro"? In origine significava "separato".

Il sacro è altro da noi, dal nostro mondo, dal nostro sguardo. La sua attesa di tutti questi anni non è altro che una forma del sacro. Che Dio la benedica».

È andato verso uno degli altari laterali e ha ripreso a spegnere le candele: con tutte le speranze e le preghiere della giornata.

16

«Mamma, noi andiamo, tu non venire, non è necessario» mi ha detto Emma. E, mentre Cecilia abbottonava il suo impermeabile e cercava l'ombrello nero, ha aggiunto: «Se papà dovesse tornare, gli effetti della morte presunta cesserebbero. Anche se vendessimo la libreria, lui avrebbe la sua parte. Lo dice la legge».

Cecilia mi ha sorriso: «E non ti sei mai risposata, mamma».

«Certo che non mi sono mai risposata.»

«Ma se un giorno dovessi farlo e poi papà tornasse» aveva continuato, «il nuovo matrimonio sarebbe nullo.»

«E come lo sapete?»

«Emanuele ci ha spiegato tutto.»

Bastano dieci anni per una dichiarazione di morte presunta. E io ho smesso di cercare. La mia memoria non è più quella di una volta. Di tanto in tanto riprendo in mano i quaderni su cui scrivevo i miei pensieri, ma il mondo è così cambiato.

Vado poco in libreria. Mi fanno male le gambe. Cecilia mi porta a casa qualche romanzo, ma ormai leggere mi stanca, preferisco i vecchi film. Per Natale Emma, Cecilia ed Emanuele mi hanno regalato uno di quei televisori grandi e piatti. Io e lui, ormai vecchi, ci saremmo visti i film che ci eravamo persi. Ma Amos non era tipo da restare in casa davanti a un televisore, neppure a ottant'anni.

O forse si sarebbe acquietato. Qualche sera fa, era molto tardi, ho acceso e mi sono messa a guardare un film, era iniziato da poco e quindi non avevo capito di chi fosse, né come si intitolasse. Una ragazza con un cane scopre che un suo vicino, un giudice, intercetta le telefonate di persone che non conosce e le spia senza una ragione precisa. La ragazza prima pensa di denunciarlo, poi anche lei comincia a incuriosirsi. Tra le telefonate che i due ascoltano ci sono quelle di una coppia che sembra molto unita. Invece si scopre che oltre le apparenze le cose stanno diversamente e che nascondono molti segreti uno all'altro.

Ho spento la televisione, era tardi e la mattina dopo dovevo andare al laboratorio di analisi per un prelievo. Ormai fatico a prendere sonno. Ma quel film mi aveva spaventato. Davvero il mondo è un vuoto di parole non dette?

Giulia è venuta in libreria quello stesso pomeriggio, ci siamo parlate per poco, in piedi, davanti alla vetrina dove Amos metteva sempre il Babbo Natale rosso con i libri di Dickens, di Tolkien, della Alcott, e *Il pianeta degli alberi di Natale* di Gianni Rodari, che era il nostro preferito, e piaceva a tutti i bambini.

«Dicono che quest'anno farà molta neve.»

«Speriamo, così la gente sta a casa, accende il camino e legge tanti libri» ho risposto.

Giulia ha sorriso: «Resti sempre un'ottimista. Ma poi le strade diventano impraticabili, noi vecchi scivoliamo, e ci si chiude in casa con le serie televisive».

«L'altra sera ho incominciato a guardare un film ma non ho finito di vederlo.»

«Perché?»

«Avrei fatto troppo tardi.»

«Che film era?»

«Non lo so, parlava di un giudice che spiava le telefonate della gente. E una ragazza con un cane...»

Mi ha interrotto: «È *Film rosso*, di Kieślowski».

«Lo conosci?»

«Be', è un film celebre.»

«Come hai detto che si chiama il regista?»

«Kieślowski, Krzysztof Kieślowski. Perché non hai finito di vederlo?»

«Perché era tardi.»

«Anna...»

«Perché mi ha infastidito.»

«Lo immaginavo. Tutti abbiamo segreti, Anna.»

«Credi che si possa vivere senza segreti?»

Tra pochi giorni Emanuele compirà vent'anni. E ieri mi ha portato a pranzo fuori, io e lui da soli, senza sua madre e sua zia. Alla Pinetina hanno aperto un ristorante, ha i tavoli fuori, cucinano un buon pesce. Da qualche tempo mi accade di parlare con Emanuele, gli racconto delle storie di suo nonno, e lui mi ascolta.

Ieri l'ho ascoltato io, invece. È stato lui a parlarmi di Amos, di sua madre e della zia Cecilia. Dice che prima o poi bisogna smettere di aspettare. E che è arrivato il momento. «Il nonno non può essere vivo» mi ha detto, «e lo sai anche tu.»

Mi faceva tenerezza, aveva un atteggiamento serio e imbarazzato, stava adempiendo a un dovere, aveva promesso a sé stesso che mi avrebbe parlato. Aveva un comportamento da grande anche se il suo era ancora lo sguardo di un ragazzino. Persino il tono della voce era cambiato: affettuoso e protettivo. Si era messo il vestito che indossa quando va a sostenere gli esami all'università e la cravatta di Marinella che gli avevo regalato. L'ho preso in giro: «È stata mamma a consigliarti la giacca e la cravatta?».

«No, ho deciso da solo. Me lo prometti, nonna?»

Non gli ho risposto. Gli ho indicato il mare: «Di che colore è il mare, Emanuele?».

Lui ha posato la forchetta. E si è voltato: «Blu».

«A quest'ora è blu, hai ragione».

«Stai cambiando discorso?»

«Sei mai andato al tramonto, o all'alba, a vedere il mare?»

«Tante volte, anche al faro.»

«Il mare subito dopo il tramonto è di un colore diverso: è color del vino.»

«Rosso?»

«No, indaco, tendente al violetto. È Omero che parla del mare color del vino.»

«Ma tu, nonna, sei sempre rimasta sola? Non hai mai pensato a una persona accanto a te?»

Gli ho sorriso per toglierlo dall'imbarazzo. Quanto gli costava chiedermi questo? Nessuno prima aveva mai osato farlo in un modo così diretto, neppure le mie figlie.

«Emanuele, hai una sigaretta?»

Me ne ha offerta una. L'ho accesa, con sollievo. Alla mia età non c'è più niente che faccia male.

«Sai, nella vita possiamo incontrare una persona per qualche ora, e in quelle poche ore possiamo vivere tutta una vita. Poi ci sono persone che stanno con noi per un'intera esistenza, potremmo dire "in giusta compagnia".»

«E il nonno chi era? L'uomo di una vita intera?»

«Il nonno era entrambe le cose. È stato l'uomo che ho incontrato qualche ora. Anche se poi in realtà sono stati sei anni, ma brevissimi. In quel tempo che siamo stati assieme ho vissuto tutta una vita. Poi, da quando è andato via, ho passato il resto della mia esistenza assieme a lui: in giusta compagnia.»

17

Riccò del Golfo, 10 agosto 1969

Gentile Amos,

quando sono entrato a far parte del personale sanitario di questo ospedale avevo ben chiaro che uno psichiatra non viene qui per separare i sani dai malati di mente. Anche se un ospedale psichiatrico è purtroppo un luogo di segregazione e questa segregazione rende quelli che stanno fuori più sereni. La follia è un disagio sociale, non un'orbita eccentrica per certi versi necessaria. Si cerca solo di tenere tranquilli i pazienti perché si pensa che la tranquillità, indotta in qualsiasi modo possibile, possa portare a un benessere sociale. Prima con gli elettroshock, poi con la lobotomia frontale, e più recentemente con l'uso massiccio della clorpromazina. È un farmaco che tutti ancora considerano miracoloso. E certo ha fatto il miracolo di evitare pratiche chirurgiche orrende. Ma ha effetti terribili. Quando sono arrivato qui, tre anni fa, sua madre era trattata con la clorpromazina e io ho deciso di sospendergliela. Da quel momento ogni giorno sua madre mi chiedeva dei fogli, una busta e una matita.

Così la vedevo scrivere. A causa della sospensione del farmaco aveva un tremore alle mani simile a quello del Parkinson. E certi giorni faceva più fatica. Sua madre scriveva quando c'ero io di turno: se facevo le notti lei scriveva illuminando il foglio con una lampadina da tasca, se prendevo servizio al mattino presto lei era sveglia ad aspettarmi. Non parlava con nessuno, era gentile, ma al tempo stesso aggressiva.

Scriveva, piegava con cura, e metteva il foglio in una busta premurandosi di chiuderla. E fuori dalla busta il suo nome, Amos, nient'altro. Non mi giudichi per questo, ma il lavoro era tanto, e spesso dovevamo svolgerlo in condizioni difficili. Nessuno di noi ha avuto il dubbio o la curiosità di aprire quelle buste e leggere quello che c'era scritto dentro. Forse non c'era nulla di sensato, forse erano frasi vuote, sconnesse. In ogni caso neppure io andai mai a cercare quelle lettere per capire quanto vi era scritto. Potrei dirle che lo feci per discrezione e rispetto. Ma il motivo vero fu che non c'era tempo e forse non era neppure il momento. Oggi la penso diversamente, ma il caso ha voluto che la scatola con le lettere di sua madre sia andata perduta, gettata via, distrutta come moltissime altre carte che si tenevano negli scantinati.

Forse leggendo avrei capito qualcosa di più di sua madre. Perché era purtroppo molto difficile riuscire ad avere con lei un dialogo coerente. Dipendeva dai momenti. Vedevo dentro di lei qualcosa che non le apparteneva. La sua mente era una casa dove viveva anche qualcun altro, in grado di giocare brutti scherzi. Era come se in sua madre irrompessero il dolore e la follia del mondo, come una tempesta. E tutte le volte che accadeva lei provava a scrivere versi, parole, con l'intento di tenerli a bada. Come si chiude in fretta una finestra per ripararsi, o si inchiodano le porte con delle assi di legno perché i cardini non vengano divelti. Le scrivo questo, con un linguaggio che spero le sia il più chiaro possibile.

La diagnosi era: schizofrenia residua con disorganizzazione del discorso verbale. Andavo a parlarle, stava sempre seduta su una sedia accanto a un tavolino. Erano la sua sedia e il suo tavolino. Tutti gli episodi aggressivi si manifestavano quando qualcun altro cercava di sedersi su quella sedia e prendeva possesso del tavolino. Accadeva spesso, come potrà immaginare. La diagnosi aggiungeva che l'insorgenza della malattia era conseguenza di un periodo depressivo per la perdita della figlia.

Per quasi un mese non ha risposto a nessuna delle mie domande. Poi ha cominciato a parlare, ma ha continuato a non rispondere alle mie domande. Raccontava le sue fantasie. Raccontava probabilmente quello che forse scriveva nelle lettere. Raccontava cose che non aveva mai visto e che non conosceva.

Alle volte invece sembrava non avesse memoria, non riconosceva neanche me. Le portavo i fogli e li guardava con indifferenza. In quel caso non le lasciavo neppure la matita perché temevo potesse farsi del male, o potesse fare del male a qualcuno. Una mattina mi chiese persino se potevo insegnarle a scrivere. La memoria episodica di sua madre era sempre più compromessa. Era come se fosse attraversata da continue amnesie.

Quando sua madre venne ricoverata da noi, lei, Amos, aveva diciotto anni. Era adulto, anche se non ancora maggiorenne. Posso capire il suo smarrimento quando, arrivando qui per la prima e unica volta, sua madre non la riconobbe, nonostante lei si sia ostinato in tutti i modi a ricordarle chi era. L'episodio mi è stato raccontato dai colleghi che quel pomeriggio ebbero pena per il suo dolore.

Di lei ma anche di suo padre non abbiamo più avuto notizie da allora. Volevo scriverle da tempo. Non so spiegarle il motivo, ma credo di doverle delle scuse. Anche per quelle lettere mai lette. Perché anche io sono stato assente, anche io avrei potuto inviarle a lei e rendere più sopportabile quell'assenza, quel vuoto, quel silenzio. Ma non l'ho fatto, e ora è troppo tardi.

18

Ieri ho ricevuto questa lettera dall'ospedale di Bologna. Me la mandava Irene. Per tutta la notte non ho chiuso occhio. Stamattina l'ho messa nella vecchia borsa rossa che mi ha regalato proprio Irene molti anni fa. L'ho portata tanto, qualche volta sono arrivata a pensare che Irene l'avesse scelta insieme ad Amos, che fosse un regalo di entrambi. Ma è una mia fantasia. Sono andata a prenderla, la tenevo nel cassettone, quello di fronte alla stanza da pranzo. E ci ho infilato dentro quella lettera, stropicciandola quasi, come si fa con i fazzoletti. Ho fatto entrare quei fogli di carta sottile nella tasca che si chiude con la cerniera lampo. Poi ho messo la borsa sulla sedia dell'ingresso. Ma ho pensato che poteva arrivare Emma, e dirmi: "Mamma, non la usi da anni, me la presti? Il rosso mi è sempre piaciuto". E io a doverle rispondere: "Sì certo, ma aspetta un attimo", e quindi tirare fuori quei fogli spiegazzati. Ho sorriso a questo pensiero. Ho ripreso in mano quelle pagine. Le ho scorse velocemente per imprimerle nella mente, come si fa poco prima di un esame quando controlli se ricordi ancora tutto.

Ho telefonato a Francesco, ho chiesto di incontrarlo. Lui e anche Giulia e Alberto, ho detto che era importante.

"Ho toccato il mondo come una cornice intagliata" dice un verso di Wisława Szymborska, Wisława Anna Szymborska,

Anna come me. Ma il contenuto dentro la cornice, l'immagine del quadro delle nostre vite andava grattato via per arrivare sotto, al disegno originario, come fanno i restauratori quando scoprono il dipinto autentico sotto una scena pittorica sviante, ingannevole.

Ora, dentro la mia cornice li ho tutti di fronte. Siamo alla Mora, la trattoria dove ci siamo incontrati così tante volte. La lettera è dentro la borsa rossa. Non gliela mostrerò, se non sarò costretta. Giulia e Francesco sono arrivati per primi, hanno lasciato il posto davanti a me libero per Alberto, che arriva un po' in ritardo: è in città per un consulto. Sembra spaesato quando entra, come se quel luogo fosse diventato lontano, estraneo, persino minaccioso rispetto alla sua nuova vita. A quel tentativo di cancellare il passato, anche cambiando città.

Io mi decido, cerco di parlare nel modo più calmo possibile, dico della lettera ricevuta da Irene, chiedo se qualcuno di loro ne era mai stato al corrente. C'è un momento di silenzio prima che qualcuno si decida a rispondermi.

«Amos mi telefonò un'estate che stavo partendo per le vacanze» dice Alberto, «mi chiese se potevo andare all'ospedale per capire meglio. Così io e Francesco arrivammo in quel posto sopra La Spezia. Il direttore della clinica ammise che non erano mai state spedite semplicemente perché non erano affrancate e non c'era neanche l'indirizzo. Le avevano conservate fino a sei mesi prima, in uno scatolone del magazzino. Solo che poi, per un errore, erano andate distrutte assieme ad altre carte.»

«Quando è morta la madre di Amos?»

È Francesco a rispondere: «Quando hai conosciuto Amos era passato poco tempo. Sua madre morì i primi di luglio del 1967, e voi vi siete incontrati nella primavera del 1970».

Alberto annuisce, conferma le date.

«Vedi, Anna» aggiunge, «abbiamo conosciuto Amos che

Myriam era morta da poco, e lui si era trasferito qui con il padre. La madre non l'abbiamo mai vista.»

Giulia cerca di ammorbidire la voce: «Dopo la morte di Myriam, la madre di Amos venne ricoverata in un ospedale psichiatrico. Non è mai più uscita, fino al giorno della morte».

Io riesco a dire soltanto: «La malattia mentale, come la moglie di Stefano».

«Sì» risponde Alberto, «con la differenza che la madre di Amos visse una parte della sua vita da internata, la moglie di Stefano è stata nascosta.»

«Era un altro modo di nasconderla» interviene Giulia.

«Ma perché in tutti questi anni nessuno me ne ha mai parlato?» chiedo.

Francesco guarda Giulia, per chiedere supporto.

«Ci sono delle cose di cui Amos non amava parlare.»

Io mi smarrisco nella luce della candela accesa sul tavolo. Comincio a guardare la fiamma, soltanto quella.

«Ma ora è passato molto tempo, siamo tutti vecchi. Quel vincolo non ha più senso, ed è per questo che siamo qui» aggiunge Francesco.

Si guardano in silenzio, poi guardano me. E giuro che non so chi dei tre risponde alla mia domanda. Sono la condannata a morte che non sa chi del plotone di esecuzione ha il fucile carico e chi invece spara a salve.

«Amos ci fece promettere che non te lo avremmo mai detto. Non voleva che tu lo sapessi. Non voleva che si parlasse di quella sofferenza. La vostra vita futura non doveva essere toccata da questo passato. Forse temeva che una malattia mentale in famiglia ti avrebbe allontanata da lui.»

Ci è sempre piaciuto venire in questa trattoria, ci sentivamo a casa. Nel passato Francesco capitava anche due volte alla settimana per i carciofi alla giudia. E Alberto aveva un suo tavolo in fondo alla sala, e a volte si fermava il pomeriggio a leggere. Andavamo anche con le bambine, e Amos prendeva la tagliata di manzo, con quelle patatine fritte così sottili e croccanti che piacevano tanto a Emma.

Era un luogo familiare, dove si parlava di cose semplici. Ora mi accorgo per la prima volta che l'aggettivo *familiare* può significare tutt'altro. Ora, come si fossero messi d'accordo (e si sono messi tutti d'accordo), l'istituzione familiare è stata ribaltata.

«Perché Irene non mi ha detto nulla per tutti questi anni?»

«Ti sorprende?»

«Non mi sorprende.»

«Irene è un medico.»

«Non è solo un medico, e lo sai, Alberto. Irene era molto per Amos. Anche se ho cercato di non essere mai gelosa.»

«Ma questo non significa che aveva una verità che ti avrebbe aiutato» risponde ancora Alberto, quasi a scusarsi per lei.

«Però ha nascosto per anni questa lettera spedita ad Amos.»

19

Irene non potrà più rispondere a nessuna delle mie domande: è morta poco dopo avermi spedito quella lettera. Dopo aver pensato al tempo come a una somma, un pensiero che si riempie di dettagli, di ricordi, persino una rivelazione che arriva attraverso i ricordi, aprendo cassetti come fossero libri e libri quasi fossero cassetti dimenticati, ora vedo che il tempo è vuoto. Come ha potuto Irene tenermi segreta questa storia quando, forse, mi avrebbe persino aiutato a ritrovare Amos? Poteva ridurre la distanza, trasformarla in un piccolo braccio di mare, e invece i silenzi sono mappe, geografie che allontanano i continenti, che lasciano orfani i pensieri.

Scrivo una lettera a Irene, dove ci sono questi pensieri. La spedisco al suo ospedale, al Sant'Orsola, sapendo che lei già non c'è più da molte settimane. Le chiedo perché non mi ha mai detto niente. E poi aggiungo: "Ma in realtà io l'ho capito. Era un patto, tra voi, tra te e Amos". Immagino tanto. Come Irene mi avrebbe raccontato questa storia, con quali parole avrebbe detto che lei sapeva.

Tornando da quel pranzo, per la strada, nel tempo della cena, nelle ore della notte, e certo nei giorni a venire, e ancora in quelli successivi, sento la voce di Irene con tutte le sfumature che le conoscevo. Rivedo il suo modo di rannicchiarsi sul divano. Ispeziono, non c'è verbo migliore in questo caso, il suo modo di assentarsi quando era in mezzo a tutti noi. Ripercorro la maniera che aveva di parlare ad Alberto: protettiva e ironica al tempo stesso, troppo ironica qualche volta, anche sminuente. E rivedo quei gesti consueti, nei pranzi in campagna e nelle cene di Natale, nel suo guardare l'orologio quando si era per strada, perché aveva fretta, o nel suo concederti tempo, quando provava a capire. E la sua voce prendeva un tono disarmato, mai affettuoso.

Era tutto dentro quello sfogliarsi dei giorni, dentro quei suoi silenzi che alle volte parevano splendori. Questa lettera dello psichiatra della madre di Amos è scrittura indelebile in un incendio che nessuno avrebbe immaginato possibile. E forse sarebbe stato meglio che nell'incendio che è stato la scomparsa di Amos questa lettera finisse distrutta, in mille frammenti di carta bruciata, come ali di una farfalla nera.

Sarei andata io ad assistere Irene, a non farla morire da sola in una stanza di ospedale, Amos lo avrebbe voluto. Ma le vecchie amicizie quasi sempre prendono ferocia dai non detti. E le vecchie amicizie diventano amicizie vecchie, colme di rancori, di pensieri del passato che hanno inceppato qualsiasi speranza e sollievo. Il vedersi si fa somma di dolori non condivisi, solo sussurrati, mai raccontati, poiché ritrovarsi tra amici vecchi non può diventare uno psicodramma, non può essere una resa dei conti. Perché sono conti diversi per ognuno di noi. E ognuno di noi si è tenuto i ricordi che preferiva, quelli rimasti, e non combaciano mai con quelli degli altri. Ti ricordi di quella volta? No, lo ricordi soltanto tu. E a cosa serve rammentare, che pare un refuso di rammendare, di ricucire gli strappi, la stoffa che si consuma, l'ostinazione a tener viva quella candela che andrà a spegnersi?

"Irene, perché non hai detto niente? Perché non mi hai portato questa lettera? Perché volevi che mi facessi aiutare da altri quando eri tu a potermi aiutare più di chiunque?"

Confesso che nella lettera scrivo queste parole inutili. Le solitudini di Irene e di Amos a un certo punto si sono ricongiunte. In un loro modo anche quell'amore si è ricongiunto. Potrei persino pensare che negli anni si siano scritti, da luoghi che erano i loro.

Restano i nodi, e i nodi generano altri nodi. So che brucerò la lettera di quello psichiatra. Amos avrebbe voluto così. Non voglio che le mie figlie sappiano, non voglio che a loro arrivi anche il peso della malattia mentale. È qualcosa che non posso combattere, che non so combattere.

20

È ragionevole pensare che Anna abbia distrutto quella lettera. I personaggi letterari hanno il diritto di togliere e aggiungere, entrare nei dettagli, e lasciare fuori quello che vogliono. Non c'è nulla di male. Ma è solo l'artificio della letteratura a impedire all'autore di intervenire in prima persona e di spiegare quello che ritiene più giusto. Togliere la parola ad Anna non è nulla che debba sconvolgere. La scrittura e la vita sono identiche, vengono soltanto svolte con mezzi differenti.

Questa mattina mi ha scritto Francesca. Lo ha fatto di frequente mentre leggeva le diverse versioni di questo romanzo. Ogni volta che le dicevo che il libro era finito, non era finito affatto. Ma non è mai stata colpa mia. Ero del tutto in buona fede nel crederlo. Ma, ripeto, la scrittura e la vita sono la stessa cosa. Per cui, alla fine, Anna mi ha costretto ad andare da Amos. A fare i conti con il suo dolore e con il mio dolore.

Quando il tempo rallenta si vedono le frange imperfette dello scorrere delle cose, e i giorni di Anna alle terme, di cui scriverò nel prossimo capitolo, le hanno mostrate tutte. Ma questa lettera? Questo psichiatra? Davvero si può ancora credere che un romanzo obbedisca all'incantamento e tenga fuori l'autore fino a renderlo soltanto un demiurgo che ordina i fatti e i caratteri? O c'è dell'altro?

«Voglio sapere dove è andato Amos» mi ha chiesto Francesca. Vuole sapere se è annegato nel Tevere. Se ha cominciato una nuova vita, se ogni giorno torna a guardare le vetrine della sua libreria. E si chiede chi conosce la verità dei miei personaggi. Forse Irene. Ma il dolore è sempre una domanda senza risposta.

Sono bizzarri gli scrittori: inventano mondi che solo in apparenza non esistono. Ma appena esce il libro cominciano a dare interviste per spiegare cosa ci sia di vero e cosa di falso, se alcuni personaggi assomigliano a persone che vivono nella loro realtà oppure no. Giocano a infilare l'ago e il filo nella trama del tessuto, e cuciono e scuciono, e intanto feriscono, lacerano. Ma lo fanno soltanto dopo: quando il romanzo è terminato, quando l'universo che hanno generato, che hanno coltivato, ha preso una sua coerenza, sta in piedi da solo.

Amos se ne è andato. Ce ne andiamo tutti, prima o poi, e comunque e sempre, anche di fronte a qualsiasi sofferenza, non vorremmo. E se lo vogliamo è perché la vita non ci lascia scelta.

Amos poteva tornare? Rispondo che non lo so. Perché io sono Amos, e sono anche Anna, e sono tutti loro. Li guardo e li proteggo. E più li ho guardati e raccontati e più è stata la mia vita a finire dentro un disordine da cui non so come uscire.

Me lo ha chiesto Carmen: «Fai bene a parlare ai tuoi personaggi. Questo capitolo della vita e della letteratura poggia a terra come un impianto elettrico messo in sicurezza». Me lo ha detto così. Io non posso girare attorno a quel dolore, anche circumnavigarlo mi ferisce e non so scendere sull'isola. Lo ha fatto lui. Lasciando una moglie, due figlie, i suoi amici. Anzi, è stato Amos a rendere sordi tutti loro. Sorda Giulia che sperava di più dalla sua vita, Giulia che voleva scrivere, e ne aveva paura. E ha pensato che la fotografia le toglieva ogni responsabilità davanti alla realtà. Bastava catturare l'immagine. Scegliere il momento decisivo, come diceva il suo amico Henry Cartier-Bresson.

E sordo è Alberto, schiacciato dalla personalità di Irene che non lo voleva sposare e non voleva stare con lui perché per tutta la vita ha amato Amos. Ma lo aveva aiutato, perché Alberto non era capace neppure di uscire di casa. Stava mandando all'aria la sua laurea in medicina, non sapeva più vivere. D'un tratto il mondo era diventato ostile. Percorrere anche la stradina sotto casa era come affrontare un mare in tempesta. Ogni pensiero sulla vita si faceva preludio alla fine dei tempi. E Irene lo ha curato. Ha curato i lividi che il padre di Alberto aveva inflitto al figlio bambino. Non ha finto di non vedere le cicatrici. Lo ha guarito e lo ha voluto accanto. E non si è fatta neppure la domanda se lo amasse oppure no. Perché un terapista non vuole sapere cosa sia l'amore. Non gli piace l'idea di aderire ai sentimenti. Li osserva da vicino ma con un cannocchiale rovesciato. Ma non se si trattava di Amos. Amos è stato addosso a lei finché hanno vissuto.

Irene è un mio personaggio e io conosco le sfumature dei suoi capelli. So quali camicette sceglie. E per quanto riguarda il sesso, conosco bene persino le intermittenze del suo erotismo. Non c'è bisogno di scrivere di più. Perché non è di questo che ora voglio parlare.

Irene non si è mai sottratta alle passioni. Mentre Giulia non è stata capace neppure di pensare il piacere. Non conosco bene la sua età. Ogni volta, mentre la immagino, mentre la metto in scena, sbaglio di un anno, anche di due. Ma Francesco aveva bisogno di una donna che scattava fotografie e non pensava troppo a lui. Per Francesco il teatro del mondo era distante da ogni vera volontà di vivere. Era il suo modo. Le sue regie, magnifiche, tutte magnifiche.

E la vita della moglie di Stefano? Di Adele che si lamentava dal piano superiore di una casa ricca e stanca? Con quel nome che nessuno ha mai pronunciato, nessuno di loro, di fronte a Stefano? Anche lei, come molti, come tutti, è sulla nave di Odisseo: ma senza funi e senza cera alle orecchie, anche lei inadatta a stare in un romanzo se non per poche scene. Perché essere fuori di senno chiede un racconto impossibile, vuole comprensione e distanza. Per questo Stefano sarà costretto a sognare Adele ogni notte. A parlarle, lui che non lo ha mai fatto. Lui che temeva i suoi comportamenti violenti, che erano violenti solo perché non era capace di guardarla. La vita per Stefano era prima di ogni cosa una coperta di silenzi. Se nasci in una nobile famiglia dove ti insegnano che domandare è qualcosa di inconcepibile, il silenzio diventa un vizio, una malattia, una presunzione, almeno quanto l'indifferenza.

Il dolore di Amos è speculare al mio dolore. Dove "speculare" qui non è verbo intransitivo, ma è aggettivo: che ha le caratteristiche di uno specchio. E dunque riflette, ma la parte sinistra diventa quella destra, e viceversa.

Ho scritto questo romanzo per dire cosa ho perso: pezzi di memoria, frammenti di vita, ricordi non miei che andranno smarriti, perché vanno perduti i ricordi di tutti. Ho mentito ad Anna. Almeno in un primo momento le ho fatto credere che Amos se ne fosse andato per cominciare un'altra vita. All'inizio Amos era solo uno dei tanti che finisce in un luogo altro e non vuole dare notizie di sé. I personaggi dei romanzi non ci devono piacere per forza. Non devono corrispondere ai nostri desideri. Francesco poteva aiutare me come autore, aiutarmi a indirizzare Anna, ma l'ho lasciato lì, in una sorta di spazio nevrotico, dove il suo essere irrisolto non ha scampo, non riceve sollievo neppure quando il suo sipario si chiude, neppure dopo gli applausi del suo pubblico. Avrei potuto riferire delle adolescenze rabbiose di Emma e di Cecilia. Ma le adolescenze lo sono sempre. E questa volta non mi interessava. Mi sono detto: quale donna sta alla finestra tutto il tempo? Quale donna non chiederebbe a Irene di antiche storie? Non si rivolgerebbe a Irene con più indignazione? E chi è capace di frequentarsi per anni senza davvero vedersi mai? Loro, gli amici di sempre, e gli amici di mai.

Non abbiamo mai conosciuto Adele, non sapevamo neppure come si chiamava. Non abbiamo mai chiesto a Stefano, velleitario, ricco ma senza rapporti con la sua famiglia. Quella donna era così pericolosa? Così non rappresentabile? Ho qui davanti a me gli appunti di un Notes di Smythson – utilizzo da sempre questi, dalla copertina rossa –, non trovo degli appunti accettabili che la descrivano fisicamente. Non ho neppure le date di nascita di Francesco e di Alberto. Ma ho quella della madre di Amos. Nata il giorno di Capodanno del 1918. Morta il 7 luglio 1967. Morta come? Il medico, lo psichiatra, lo accenna soltanto: si lascia morire. Come se la morte non fosse altro che una conseguenza di quel dolore. Morta di pazzia. E valga anche per Stefano: che nasconde e si tormenta che nessuno gli chieda, o addirittura che nessuno lo aiuti.

Ma in quel guado tra memoria e futuro, se di futuro si può parlare, c'è Anna: che sta alla finestra, ma quando guarda alla finestra vede soltanto un'altra finestra di fronte, dove qualcuno le restituisce lo sguardo. Ed è uno specchio anche questo.

Il dolore di Anna è non potersi muovere. Il dolore di Anna è quando incontra due ragazze che provano i passi di un ballo latinoamericano in un parco della città e una delle due ha perso la parola da anni, dopo un incidente. E il muoversi senza poter parlare, ascoltare senza dire, è l'unico modo per questa ragazza di affrontare il trauma. La vita delle persone non è nel dire, non è ritrovare i versi, le poesie, ma nell'ascoltarsi, nel capire. E nessuno è capace di ascoltare il dolore. Tutti scappano. E fugge anche Anna: con questa memoria danneggiata, con questo corpo che non c'è, da quando ha dovuto curare le piaghe da decubito di quella giovane madre, negli ultimi giorni di vita. La professoressa Anna, la professoressa del miglior liceo della città è dovuta scendere sulla Terra e dimenticare il grido dei gabbiani, come scriveva Eliot. "Una corrente sottomarina gli spolpò le ossa in mormorii. Passò attraverso gli stadi della maturità e della giovinezza."

Prima della maturità, poi della giovinezza. Ho convissuto con questo poemetto per anni. L'ho citato nei miei libri. Ora vedo che lo fanno anche i miei personaggi senza che io neppure glielo dica.

Riesco a vederlo quel suo tragitto del pomeriggio di Roma. Il percorso di Amos, come potessi seguirlo (e chi può seguirlo se non io stesso?). L'ho visto scendere e non salutare il portiere, preso dai suoi pensieri. Ha acceso la sigaretta che non era ancora fuori dall'albergo. Ha lasciato la bustina di minerva in un posacenere ed è uscito come avesse un appuntamento. Ha preso a destra. È arrivato in Piazza di Spagna ed è salito su un taxi. Il tassista lo fa scendere dopo un centinaio di metri. Amos non ha denaro con sé, e non riesce a dirgli un indirizzo da raggiungere. Il tassametro fa *tic-tac* come gli orologi che misurano il tempo nelle mosse degli scacchi. E gli scacchi, anche loro, tornano sempre. Ho sempre misurato le mosse da fare ogni volta che dovevo raccontare una storia.

Chi era davvero Amos? Quello che ci racconta Anna? O quello dei silenzi di tutti gli amici? Anna ha inventato Amos, lo ha reso quello che lei pensava fosse. Io ho inventato Anna. Il terzo passaggio sarebbe logico. Se Anna non esiste ed è un mio personaggio lo è anche Amos. E invece Amos non è mio. Anche se non esiste, anche se non assomiglia a nessuno nella realtà, come un pinocchio di Collodi che da burattino di legno si fa bambino, Amos è diventato Amos. E con Amos mi sono smarrito, con Amos non sono capace di oppormi. Conosco il suo sguardo, il suo leggero sarcasmo, la sua ostinazione. Conosco anche il suo modo di essere seduttivo, mi è chiara anche una sua certa indifferenza, che lui negherebbe sempre.

Alessia mi ha scritto: "Questo libro è come la tela di Penelope, e hai ragione quando dici che vita e scrittura sono la stessa cosa". Volevo che Anna sapesse inventare un mondo e lo tenesse fermo, coerente, bello e romantico fino all'ultima pagina, che è un po' come dire fino all'ultimo giorno, quando verrà la neve, e coprirà tutto. E prima della neve?

Ho regalato ad Amos l'ascia di Franz Kafka. Quella della celebre lettera a Oskar Pollak: "Ma ciò di cui abbiamo bisogno sono quei libri che ci piombano addosso, che ci perturbano profondamente come la morte di qualcuno che amiamo più di noi stessi, come un suicidio. Un libro deve essere un'ascia per rompere il mare di ghiaccio che è dentro di noi".

Nessuno di loro, nessuno degli amici di Anna, e neppure Anna stessa, ha osato impugnare quell'ascia. Perché su Amos non ho potere. Su di lui non posso decidere. Semmai è Amos che decide per me, e per tutti. E così alle volte devo ammettere: questo, di Amos, non lo so. Quando si pensa che un autore dei suoi personaggi dovrebbe conoscere tutto, e tutto decidere, ci si sbaglia.

I libri si scrivono lentamente, negli anni. Carmen mi lascia un messaggio vocale, ancora su questo capitolo: «Anna è una tua creazione, ma Amos no, perché tu stesso non sei una tua creazione. E quindi quando pensi di farlo sparire in realtà è la tua di sparizione che stai contemplando sulla pagina. Amos ha preso un'altra strada. Secondo me tu sei davvero Amos. Non sei sparito, sei rimasto, ma con il senso di una fine da gestire. Non come Anna, Anna è piena di senso anche quando la fai apparire nel suo non senso. Mentre tu sei rimasto, a perderti, a palleggiarti la fine delle cose».

Lo dovrei chiedere ad Anna. E mi risponderebbe che tutto è nell'attesa. Non sono riuscito a restituire ad Anna un po' di serenità. Neanche della morte di Amos mi è stato possibile scrivere. Perché è presunta. Per quanto ne so, essendo nato il 20 febbraio del 1943, oggi non avrebbe ancora compiuto ottant'anni. E forse Anna a suo modo ci ha pensato che il prossimo 20 febbraio avrebbero organizzato un pranzo in campagna con tutti gli amici, acciaccati ma non troppo.

Non riesco ad attribuirgli il rimorso. A dirgli che si può sempre tornare indietro, che oscillare, ripensarci, poteva anche essere possibile. Tornare sui propri passi è sempre una resa. Ma a cosa servirebbe? Queste pagine dimostrano che neanche l'autore è in grado di cambiare il proprio romanzo. Se non altro perché è stato questo romanzo, negli anni, a cambiare lui.

Avrei la tentazione di incolpare Anna di non essere stata capace di vederlo, di saperlo guardare negli occhi.

In nessuno dei miei disegni, i disegni che faccio dei loro visi, sono uno di fronte all'altro. In tutti i miei ritratti di Amos, lui tiene gli occhi bassi ed è di tre quarti. Solo Anna è di fronte. Solo Anna ha il privilegio di guardare. Eppure, Anna non sa guardare: sa viaggiare, tracciare confini, circoscrivere.

I miei personaggi si sono nascosti. Sono invecchiati e sono tornati sulle pagine più incerti e insicuri. Non ho fermato Alberto con i suoi ragionamenti sull'amore. Ho trovato Stefano fragile, eppure ostinato nel proteggere i suoi segreti. E poi Emma, la forte Emma. Quella con il carattere del padre. A Emma avrei potuto chiedere.

Mi devo confrontare con Amos. Fare un po' di chiarezza sulla sua scomparsa, in quell'abbandono disordinato. Sono andato a guardare i Notes più vecchi. E ho trovato delle righe su Amos, che ancora non aveva questo nome. Non le ho scritte io. Le ho riportate da un libro. Ero convinto servissero.

"Un libro è l'ignoto, è il buio, è chiuso. Il libro avanza, cresce, va nelle direzioni che crediamo di aver esplorato, avanza verso il suo destino e quello dell'autore, annientato dalla sua pubblicazione: il distacco da lui, il libro sognato, come il bambino più piccolo, sempre il più amato."

Mi colpiscono il buio e l'ignoto, e poi ancora il buio. E quell'avanzare del testo verso il destino dell'autore e dei suoi personaggi. Non sono capace di far leggere ad Amos queste parole. Ma attraverso pagine antiche, che non ho mai inserito in alcun romanzo, posso provare a ricostruire. Provare a chiedergli. E dove non ci sono le pagine, posso immaginare quello che manca, quello che è smarrito.

Amos è sparito soltanto dopo che avevo preso questi appunti. Ancora credevo che sarebbe tornato. Invece non è tornato. Ma quando se ne è andato davvero? Quel giorno a Roma? Oppure già da prima? Non sapevo ancora cosa fosse il tempo dell'abbandono. L'abbandono non è un atto. È un divenire.

Sono caduto anche io nella rete del dolore. E li ho amati tutti nel dolore e li ho curati nella malattia. Come sono stato amato io, senza che lo cercassi.

Sono uscito da casa. Ho passeggiato dentro una domenica vuota, ho pensato che dopotutto l'amore è il gioco più instabile che ci sia. La fuga dinanzi alla vita non libera dalla legge dell'invecchiare e del morire. Sulla strada dove ho abitato per quindici anni con Federica e i nostri figli non ci sono più i pini marittimi che dividevano la carreggiata. Avevano radici superficiali, erano in balia del vento. Li hanno sostituiti con i cipressi: sentinelle della memoria. Il quartiere sembra addormentato. È qui che avrei immaginato di recitare le parole del futuro, di preservare il tempo di tutti: il mio, quello di Amos, quello di Anna, di Emma e di Cecilia. Ma anche dei miei figli, di Francesco e Andrea. Tutti capaci di entrare nella mia vita, appropriarsi del mio passato e del mio presente. Di prendersi libertà che neanche si immaginano, di interrogarmi attraverso pagine che ho scritto io stesso, ma che sono le loro, e a loro appartengono.

Di questo testo, che è romanzo e confessione, fragilità e

smarrimento, forza e consapevolezza esistono decine di versioni e revisioni. Come i pensieri che facciamo camminando attraverso la vita: quelli che ritornano, si accendono, restano quieti per anni, e poi rinascono a distanza di tempo. Le relazioni sono qualcosa di misterioso, non obbediscono al prima e al dopo, sono indifferenti ai cambiamenti. Vanno così a fondo che non ci sono strumenti e mezzi per capirne le radici, per sapere fin dove arrivano, e da quali fiumi sotterranei prendono acqua e vita. In questi sedici anni, il tempo che mi ci è voluto per scrivere queste pagine, ho curato un giardino aspettando che le piante e gli alberi si facessero alti e forti, ma l'albero al centro, quello più incerto e insieme più tenace, ora non c'è più. Il suo destino era scritto in un libro che nessuno di noi ha osato aprire e ha cercato di leggere prima del tempo, perché del tempo non sappiamo nulla.

Oggi il congedo è scritto. Uno spazio aperto non è altro che un vuoto più ampio. Queste parole di Julian Barnes, datate 20 ottobre 2012, ora le sento indirizzate a me: "Immaginiamo di aver lottato, con risolutezza, di aver superato la sofferenza, di esserci ripuliti l'anima dalla ruggine, quando è solo successo che il dolore si sia spostato altrove, che abbia cambiato interesse. Non siamo stati noi a far entrare in scena le nuvole, come non abbiamo il potere di diradarle. Il caso ha semplicemente voluto che da un qualche punto – o da nessuno – si sia levata una brezza inattesa che ci ha messi in moto di nuovo. Ma dove ci sta portando?".

Andrebbe chiesto ad Amos. E adesso Amos è con me, anche se non era scritto che accadesse. E ogni volta gli faccio, io, proprio io, la stessa domanda: perché te ne sei andato? Ma è una domanda che non ho mai osato pronunciare ad alta voce.

Tutto ora è sulle spalle di Anna, che è in procinto di partire per una località termale.

21

Ho pregato Cecilia di non accompagnarmi. Le ho detto che il ginocchio non mi faceva più male e che non avrei avuto difficoltà a salire e scendere dal treno. E poi per la valigia avrei trovato un facchino alla stazione. Ha riso. Dice che i facchini non ci sono più e che ragiono come cinquant'anni fa. La verità è che il ginocchio mi fa male, che ho bisogno dei fanghi, e con la valigia non sono proprio a mio agio, ma le rare volte che parto preferisco muovermi da sola.

«Mamma, hai quasi ottant'anni. Dovresti lasciarti aiutare. Non c'è nulla di male.»

Mi faccio aiutare, ma non in queste cose. In queste cose, se cedi, poi finisce che ti fai aiutare sempre. E non mi piace.

«Emma dice che l'Hotel delle Terme è un po' vecchiotto.»

Non importa che sia vecchio. E poi il primo a parlarmene è stato Francesco. Quando soffriva di cervicale ci andava ogni anno. E preparava le regie degli spettacoli. Emma dice che mi farebbe bene restare anche tre settimane. Vogliono che mi riposi. Ma bastano dieci giorni. Non mi piace lasciare la casa disabitata. Per quanto sia ormai un filo lieve, il rivolo di fumo di un cerino appena spento, continuo a credere che lasciare la mia casa sia come rinunciare a un posto di guardia e non essere più sentinella di un suo ritorno. Anche se, da sentinella, sono anni che fuori dalle finestre, oltre il portone, per le vie che costeggiano la casa io non vedo che il deserto, un deserto di sabbia sottile. I Tartari non arriveranno mai, questo lo so. Ma quella sabbia entra in casa e invade tutto.

Che io abbia preso una decisione del genere ha stupito tutti, eccetto Emma che raccoglie i miei lamenti e i miei acciacchi. È stata lei a dirmi che avrei dovuto provare le cure termali. Ho chiesto a Francesco e lui ha chiamato l'Hotel delle Terme. Mi ha detto che il direttore è lo stesso da quarant'anni: un vecchio cortese appassionato di fiori recisi, di petali lasciati a seccare, di colori che si sono fatti più scuri, per colpa della polvere, degli anni. Così non mi fido dell'ocra delle pareti: quello della hall, quello dei corridoi. Doveva essere un giallino pallido, un tempo. Come fosse un pomeriggio che volge al tramonto, l'albergo ha perso il tenue e ha lasciato affiorare il saturo, ma un saturo casuale, e dunque irregolare: più forte sui muri e sulle pareti a est, meno visibile su quelle che volgono a occidente.

All'Hotel delle Terme ti portano le valigie seguendo un rituale stanco. Si muovono lenti anche i giovani, come fosse una forma di rispetto. La lentezza dei clienti, quasi sempre anziani, si accorda con la lentezza del personale, attento a non cambiare i ritmi, in questo luogo dove tutti parlano a bassa voce anche quando non ce ne sarebbe bisogno.

I trattamenti cominciano di lunedì. E la domenica sera c'è sempre una cena di benvenuto. Partecipano anche i fisiatri. Sono anni che non vedo persone nuove eccetto i clienti della libreria. Ora guardo tutto con stupore. Il mondo correva mentre io restavo ferma. In un cestino del bagno ci sono delle bottigliette di shampoo, balsamo e bagnoschiuma, una specie di saponetta per pulire le scarpe, la cuffia da doccia, dei cotton fioc, anche l'ago e il filo per cucire, saranno una decina di boccettine e scatolette. Davanti al letto c'è un omaggio di benvenuto, un cioccolatino e dell'uva. La televisione è accesa e sullo schermo appaiono le informazioni sull'albergo. Le ombre lunghe del parco sembrano quelle della mia vita al tramonto, si allungano così tanto che non puoi sottrarti. Mi sono portata un libro di Lermontov: *Un eroe del nostro tempo*. L'avevo letto da ragazza. L'ho preso all'ultimo momento: mi sentivo in colpa all'idea di non avere con me niente da leggere. Ora mi accorgo che sull'ultima pagina è scritto un numero di telefono: 308833. La scrittura è di Amos. Con quei due 8 che sono due simboli dell'infinito.

Le camere dovrebbero essere tutte uguali. Anche i fregi alle pareti: ghirigori arabeggianti in un arredamento coloniale, tutto in midollino chiaro. Aspetto di capire come sarà la luce di questi giorni. Forse mi sembrerà di essere in qualche posto esotico, dove non arrivano le voci del passato. E neppure le mie voci di dentro.

«Mamma, non è che ti immalinconisci a restare due settimane lontana da noi?»

Sono decenni che mi immalinconisco, ma Emma e Cecilia, che mi vedono ogni giorno, non possono accorgersene.

La cena di benvenuto è sulla terrazza che dà sul giardino. I tavoli sono tondi, da otto coperti ciascuno. Una ragazza dai capelli rossi mi accompagna al mio. Sono già seduti in quattro. Tutte donne anziane. Accenno un saluto e mi chiedo se sarò costretta a parlare o potrò restarmene in silenzio e far riposare la mente.

«Signorina» domando alla ragazza, «sarà sempre questo il mio posto per la cena?»

Lei sorride, e mi dice che no, che i prossimi giorni i tavoli saranno singoli e ognuno potrà cenare per conto suo.

«Allora non devo fare amicizia con le persone al mio tavolo?»

«Non si preoccupi, può fare ciò che vuole.»

Starò in silenzio. Oltre il parco si vedono le colline, sono tutte a vigneto. Il vino è buono da queste parti ma sono anni che non bevo quasi nulla.

Alle dieci di sera cominciano fuochi di artificio. È una pioggia di luci e di colori. Sono tutti eccitati dallo spettacolo pirotecnico, come fossero dei bambini. Io non li amavo neppure quando ero piccola. Ogni volta era uno spettacolo prevedibile, sempre più o meno lo stesso. Gli ospiti dell'albergo si alzano per vedere meglio. Io rimango seduta e mi scende un velo di tristezza. Penso di aver sbagliato, potevo restare a casa, e per il ginocchio avrei trovato una soluzione.

«Non le piacciono i fuochi?» mi chiede il cameriere mentre mi serve il dessert.

«No, non mi piacciono» rispondo.

«Questi sono molto belli. Abbiamo una tradizione, qui» aggiunge.

Dopo pochi minuti finisce tutto e i miei commensali tornano a sedersi. Si fa silenzio: dal nostro tavolo fino in fondo alla campagna. Gli uccelli, spaventati, non volano più: devono essersi nascosti sugli alberi. Penso che le parole verranno, ma non questa prima sera, non così, tra persone fatte sedere assieme perché un posto bisognava trovarlo. D'altronde si tratta di una cena. Poi ognuno sceglierà la sua compagnia o la sua solitudine.

Abbiamo tutti guardato spesso i cellulari, quando squillavano, o quando davano l'impulso sonoro di un messaggio. Le suonerie dei telefoni dei vecchi non hanno mai il trillo tradizionale, non sono mai discrete. Hanno sempre motivi di canzoni moderne, forse perché si è un po' deboli di udito, o perché i vecchi suoni portano malinconia.

Il mio cellulare silenziato ha lampeggiato prima per i messaggi di Emma e sul tardi di Cecilia.

"Ti sei sistemata? Com'è il posto?"

"Bello."

"Ti hanno già visitata?"

"Domani mattina."

"Poi fammi sapere. E le stanze?"

"C'è del buon tè."

"Non berne troppo, poi ti agiti e non riesci a dormire."
Io non dormo da anni. Anche senza il tè.

Ho sempre pensato che il bianco non è un colore per vecchi, se possiamo definirlo un colore. Il bianco è dei dandy, il bianco vuole controllo, va indossato con attenzione. E i vecchi sono come i bambini: con il bianco ti sporchi, con il bianco non puoi giocare sul prato.

Amos vestiva spesso di bianco, e metteva un panama di Borsalino che gli avevo regalato. Ho visto un uomo con un panama simile all'ultimo tavolo. Un uomo anziano eppure giovanile, con il vestito bianco, i capelli bianchi e le mani nervose. Gli ho guardato le mani quando è passato accanto a me, per ritirarsi in camera prima di tutti gli altri. Cammina con il bastone, ma pare più un vezzo che una necessità, un bastone con il manico d'argento.

Mi hanno dato un dépliant, con gli spettacoli di intrattenimento. Domani sera c'è un prestigiatore che fa apparire e scomparire le cose, indovina le carte, forse taglia in due una donna. È subito prima di cena: lo vedrò. I prestigiatori hanno qualcosa di romantico e goffo al tempo stesso. Tutti sanno che c'è un trucco, ma nessuno vuole conoscere il trucco: è un incantamento consapevole. Di solito sono un po' anziani, vestono come gli imbonitori dell'Ottocento, hanno i capelli tinti, e un tempo mettevano la brillantina. Non so come sarà questo mago che viene domani sera. Mi fa sorridere che venga chiamato un mago per intrattenere dei vecchi, di solito lo si fa con i bambini. Ma è vero che un po' è la stessa cosa. Come con il bianco. Scrivo a Francesco.

"Anche quando sei venuto tu c'era un mago?"
"No, temo che l'albergo non sia più quello di una volta."
"Ma sono divertenti i maghi."
"Perché li chiami maghi?"
"E come devo chiamarli?"

"Illusionisti."
"Ma io non mi illudo. Lo so che mentono."

«Qui d'inverno può nevicare.»
«Eppure non siamo molto alti» le rispondo.
«Siamo a trecento metri.»
«Ma anche al mare può nevicare.»
«Davvero? Oh, come mi piacerebbe vedere la neve sul mare. Deve essere bellissima.»
«Sì, è bellissima.»
«Signora, pieghi il ginocchio. È qui che ha dolore?»
«Non sempre.»
«È solo un po' di artrosi, pensi che ce l'ho anche io, e non ho neanche quarant'anni. Nei prossimi giorni facciamo un po' di fanghi di argilla. Le passerà presto. Ma deve tornare qui due volte all'anno, se trova il tempo, e soprattutto deve camminare. Anche solo dieci minuti al giorno. È mai stata da noi prima d'ora?»
«No, ho visto questo posto soltanto in un film.»
«Oh, sì, quel film lo conosciamo. Anche se noi di qui non siamo così malinconici.» E dicendolo mi sorride.
Come si può parlare di nostalgia con qualcuno che non si conosce?

«Non poteva essere così perfetto» mi ha detto Cecilia poco prima di partire, «perfetto come lo racconti tu.»
«Chiedi a Francesco, anche lui ti dirà che era un uomo nitido, coerente, senza cadute.»
«Ho chiesto a Francesco.»
«E allora perché hai dei dubbi?»
«Lui non dice questo. Dice che papà era come tutti: umorale, incerto, ma anche solido. Spesso però molto contraddittorio.»
«Tutti siamo contraddittori, Cecilia.»
«Tutti eccetto te, e papà raccontato da te.»
«Non sono capace di raccontarlo in un altro modo.»

Davvero non sono stata capace di vederlo? Oppure il dolore dell'assenza bastava per tutto? Anche per i dubbi, anche per gli aspetti di lui che mi mettevano a disagio? Visto che non c'era più, perché dovevo raccontare delle mie gelosie? Della vecchia storia d'amore che aveva avuto con Irene, prima che conoscesse Alberto? E del disagio che mi ha sempre provocato? Non ne ho parlato mai neppure con Alberto. Ma quando erano assieme io sapevo che c'era una comunicazione profonda tra loro. Non era amicizia e non era amore. Erano due funamboli sospesi sul filo che si tengono per mano.

«E in ogni caso è stato un padre esemplare» ho detto.

«Ma a cosa serve idealizzarlo?»

«A tenerlo vivo.»

Il mago ha i capelli tinti, un frac di sartoria teatrale, e uno sguardo malinconico. D'altronde la fisioterapista mi ha detto che questo non è un posto di nostalgie. È in piedi, al centro di un gazebo bianco di ferro battuto, pieno di curve art nouveau. Mi ricorda certe inferriate del metrò di Parigi. Hanno chiuso i lati del gazebo con dei tendoni bianchi. Si è atteso l'imbrunire per generare più atmosfera. Il personale dell'albergo ha sistemato le sedie da giardino a semicerchio. E lui, il mago Mariano, comincia nel modo più classico, più lieve. È tutto un fruscio, nulla di roboante, niente trucchi da tenerti in ansia. Non si libera da una vasca d'acqua chiusa ermeticamente, e neppure taglia in due l'assistente. È solo, con un mazzo di carte, e con quei fazzoletti bianchi di seta che ho visto tante volte. A un certo punto da sotto un fazzoletto esce una tortora. Sento la voce di un uomo dietro di me. Ha un vago accento francese.

«La tortora è un uccello dolcissimo. Anche se molti preferiscono il finto candore delle colombe.»

Mi volto.

E lui: «C'è una bella storia sulle tortore».

Alla fine del numero della tortora si presenta. Mi dice il suo nome: Émile. E in quel momento capisco che lui, l'uomo del panama bianco e dalle belle mani, è un celebre pianista.

«Posso ospitarla al mio tavolo?»

Dico un grazie, o forse un sì, imbarazzata.

«E che storia c'è sulle tortore?»

Il pianista mi versa del vino. Anche se gli ho detto che non bevo.

«Le tortore rappresentano l'eterna fedeltà, quella che nasce da un sentimento alto e importante. Ne ha scritto anche Leonardo da Vinci: "Se l'uno more, l'altro osserva perpetua castità, e non si posa mai su ramo verde e non beve mai acqua chiara".»

Rimango in silenzio. Cosa sa di me quell'uomo per dirmi una cosa del genere? Nulla, ovviamente. Si tratta di una coincidenza come tante. E se quel prestigiatore non avesse fatto un numero con la tortora, parleremmo d'altro. Cerco in tutti i modi di non dare importanza a quella coincidenza. E ci riesco.

«Ma non sono i candidi colombi a rappresentare la fedeltà?»

Mi sorride: «Oh, no, i colombi sono crudeli e feroci».

«E perché un pianista sa tutte queste cose?»

«Perché il pianista è nipote di un ornitologo. E mio nonno mi raccontava queste storie. Avevamo delle tortorelle nel giardino di casa a Nohant, non distante da Orleans. Passavo le estati con lui, e mi intenerisce che questo illusionista avesse proprio le tortorelle.»

«Lei è un romantico?»

«Non lo sono più.»

«Si smette?»

«Ho smesso dopo che ho cominciato a suonare in concerto solo musica romantica. I pianisti spesso eseguono compositori dell'Ottocento: Chopin, soprattutto. Ma se vuoi suonare Chopin devi lasciare a lui la parola e tenerti in disparte. Se no diventa troppo. È lui il romantico, non tu.»

«Amo Chopin» riesco soltanto a dire.
«Tutti amano Chopin.»
«Allora sono come tutti.»
«Non è detto che sia un male. Lei è vedova?»
«Non ancora.»
Mi sorride. Pensava fosse una battuta cinica. In realtà manca il documento ufficiale che sancisce la mia vedovanza. E nonostante quel documento, non è detto che io lo sia comunque.
«Mio marito un giorno è sparito. Forse perché ha perso la memoria e si è smarrito per il mondo. Non lo saprò mai.»

Sono le due di notte e non riesco a prendere sonno. Ho acceso questo grande televisore appeso sopra la scrivania come un quadro ma non so cambiare i canali. Allora ho spento e ho aperto il libro che mi sono portata. Prima di riprendere a leggere penso alla mia risposta: «Non ancora». Quell'uomo si sarà fatto l'idea che sono una donna spiritosa, una donna che è stata capace di superare il dolore, ma non voglio apparirgli in questo modo. Domani sera proverò a farglielo capire, sempre che non cambi tavolo per andare a conversare con altre persone.

Apro la porta-finestra ed esco. Due rami di un ciliegio si affacciano sul mio terrazzo. L'albero è in piena fioritura. I petali bianchi si vedono anche al buio. C'è una poesia di Montale che dice: "sul ciliegio del tuo giardino. Intorno il mondo stinge; incandescente."

Come si fa a spiegare che si può stingere e restare incandescenti? A pensarci bene è meglio che domani quell'uomo decida di cenare altrove. Non è il momento di parlare di queste cose.

«Émile, lei non ha mai desiderato dei figli?»
«No. La mondanità. La vita di un tempo. Non potevo tenere assieme tutto.»

«Lo rimpiange?»

«Non lo rimpiango. Rimpiango di non riuscire più a tenere concerti. Adesso le mie dita mi sembrano rigide, senza anima.»

«Lei ha delle belle mani. L'ho notato la prima sera, quando mi è passato accanto. Ma non l'avevo riconosciuta. I pianisti hanno sempre delle belle mani.»

«Non sempre, ho conosciuto concertisti con mani grassottelle e dita corte. Eppure, molto bravi.»

«Da quanti anni è vedovo?»

«A settembre sono dieci. Ma sono vedovo due volte. Accade, quando raggiungi un'età venerabile. Il prossimo aprile saranno settantotto. Ma non mi lamento, anche se soffro di non suonare più.»

«Solo questo?»

«Le sembra poco la musica?»

«No di certo.»

«Ma guardi che con il dolore si può fare pace. Non con tutti i dolori. Ma con alcuni dolori ci si riesce. Eva, la mia prima moglie, è sepolta a Plzen, non lontano da Praga. Ma non vado mai. La seconda a pochi minuti da casa mia. Lì vado spesso e resto in silenzio. Quelli che parlano davanti a una lapide mi fanno impressione. Cosa c'è da dire ad alta voce che non puoi pensare?»

«A me sarebbe piaciuto parlare davanti a una lapide. Io sono stata costretta a farlo ovunque: davanti al mare, per le strade, a casa, di giorno e di notte. Senza un posto dove andare a trovarlo. Come si fa?»

«Come si fa?»

«Non si fa. Poi con il tempo è arrivata anche la rabbia. Se è morto non si muore in questo modo. Con questa crudeltà di sparire. E se è vivo, allora vorrei cercarlo solo per guardarlo negli occhi, per un istante. Ma non è vivo.»

Mi sorprendo io stessa, come fossi capace di sentire la mia vera voce per la prima volta. Per tutti questi anni ho accumulato passato, messo tutto da parte, mi sono ostinata a ricordare. Ho vissuto il presente soltanto perché si facesse passato il prima possibile e potesse rendere quello che accadde di nuovo esistente. Ora mi trovo in un nuovo presente, che si è fermato come una funivia bloccata a metà corsa: non si può scendere e neppure continuare a salire. Resti ferma e senti il vento che fa oscillare la tua cabina e hai paura, ma puoi solo aspettare che qualcuno ti liberi.

«Non si è risposata?»

«No, non c'erano uomini così interessanti.»

«Non le credo.»

«E fa bene a non credermi.»

«C'era qualche altra ragione?»

«La stessa che corre tra me e lei in questo momento.»

«Intende dire?»

«L'intimità è una forma di distanza, vero?»

«Credevo fosse il contrario.»

«Lo pensano tutti.»

«Sa quando si strappa all'improvviso una corda tesa? Ha un rimbalzo violento. Il senso dell'intimità non l'ho più ritrovato. Allontanato per sempre.»

Mi ha chiesto, incerto: «Ma perché dice che è la stessa che corre tra me e lei in questo momento?».

«Perché non ci conosciamo, e io a malapena le ho detto il mio nome, ma non dove vivo e che lavoro faccio, o meglio, facevo.»

«E allora me li dica. È importante?»

«Non credo, non più. Quando lei suonava in pubblico era sicuro che tutti coloro che l'ascoltavano sapessero della sua vita? Credo di no. Contava lo spartito, giusto?»

«In un certo senso.»

«Ecco. Pochi giorni fa mia figlia Cecilia mi ha detto che il padre non doveva essere così perfetto come le ho raccontato io.»

«La perfezione è un'ossessione malsana.»

«Ho spiegato alle mie figlie che il padre era meraviglioso.

Almeno questo ha compensato il dolore dell'assenza, anzi, mi perdoni: l'offesa dell'assenza.»

«Le confesso che io sarei stato un pessimo padre. Sono stato un seduttore, narciso, lontano, pronto a passare da un'avventura a un'altra. Ho pensato solo a me stesso per tutta la vita.»

«E sua moglie?»

«La seconda non mi amava. Ma non se ne è mai andata. Lei era una violinista, suonava con orchestre importanti. Ci vedevamo poco.»

«E la prima?»

«La prima è stata mia moglie solo per due anni. Meno di due anni. Un anno e dieci mesi. Era una pittrice. Una mattina è partita senza dirmi dove sarebbe andata. Aveva bisogno di stare da sola per qualche giorno. L'hanno trovata suicida in un albergo di Praga.»

«Era praghese?»

«Era ceca da parte di madre, e russa da parte di padre.»

«Perché?»

«Perché cosa?»

«Perché si è uccisa?»

«Non lo so. I primi anni ho cercato, ho letto le sue lettere. Ho domandato alla madre. Ma nessuno ha saputo rispondermi. A un certo punto ho smesso di cercare.»

«Che dolore è?»

«Non ricordo quale filosofo diceva che siamo scaraventati nel mondo. Non possiamo difenderci da questa cosa. Ma soprattutto non possiamo comprenderla.»

«E con tutto quel dolore lei si è sposato una seconda volta?»

«Proprio per questo mi sono sposato una seconda volta e mi sono sposato in quel modo. Lo sa che dopo Eva non ho suonato per quasi un anno? Non ne ero più capace.»

«Io non ero più capace di vivere.»

«Ma suo marito potrebbe non essere morto.»

«Credo che lo sia, invece. Lei l'ha vista?»

«Chi?»

«Eva, dopo che è morta?»

«Sì, l'ho vista. Ancora adesso la sogno all'obitorio.»

«E non ha rimorsi?»

«No. Affrontare il senso, essere gettati nel mondo, è proprio questo.»

«Lo sa che mio marito aveva un suo disco? Beethoven, mi sembra, non ricordo cosa, ma c'era il *Chiaro di luna*. L'ho ancora io.»

«Lo ha mai ascoltato?»

Mi ha telefonato Emma, le ho raccontato di aver conosciuto il celebre pianista. Ha sorriso, anche se non potevo vederlo, quel sorriso. Ma quando sorride io lo capisco dal tono della voce. Mi ha detto che potrei finalmente trovarmi un fidanzato. Alle terme pare accada spesso. Le ho risposto che è troppo giovane per me, e neanche suona più. La vecchiaia è questo: resta poco di quello che eri. Poi ho dovuto chiudere la conversazione: è passato il medico a misurarmi la pressione. La sera, poco prima di cena, è Cecilia a mandarmi un messaggio.

"Dimmi che stai bene."

Sto bene, sto come sono sempre stata. E il ginocchio ora mi fa molto meno male. Mi piace l'argilla, è bluastra come i mosaici delle moschee sciite: quando solidifica disegna un reticolo che non ha un senso, e mi piace.

Nel pomeriggio ho visto Émile seduto a un tavolino del salone delle feste. Di quello che doveva essere stato il salone delle feste. Sono passata da fuori e lui era lì, dietro i vetri, a parlare con un uomo giovane. Ho provato a non incuriosirmi ma non ci sono riuscita. Sono entrata dalla porta più lontana e mi sono seduta su un divanetto. L'uomo più giovane sembrava leggergli dei fogli. Ogni tanto gliene passava uno ma Émile lo prendeva di malavoglia, sbirciava e glielo restituiva. Non si erano accorti di me. A un certo punto l'uomo giovane si è alzato, ha salutato Émile con una stretta di mano che includeva deferenza e se ne è andato.

«Oggi pomeriggio l'ho vista nel salone delle feste.»

«Ah, con Kaspar. È il mio agente.»

«Sembra un uomo paziente.»

«Deve esserlo. Questo è il suo lavoro.»

«Tornerà a fare concerti? Era venuto per questo?»

Sorride e fa un cenno brusco con la mano: «Non è più il tempo. Ci vuole energia per tenere concerti. L'ho detto anche al mio agente. Lui insiste troppo».

«Che peccato.»

«Lei crede?»

«Credo di sì. Anche il suo agente insiste, giusto?»

«Lasci stare, il signor Kaspar Hauser sarebbe capace di chiedermi di suonare in pubblico anche a cent'anni. Sono fatti così. Non si accontentano mai. Ah, devo informarla che questa sera serviranno un gelato al pistacchio davvero buono. Lo ha già provato?»

«Non ancora.»

«Bene, lo prenderemo allora. Mi tolga una curiosità: perché mi ha parlato di suo marito? In quel modo, poi?»

«Quale modo?»

«Senza preamboli. Mi ha sorpreso.»

«Perché non ci sono altri modi. Dopo anni che parlo con persone che mi conoscono da sempre, adesso posso dire quello che voglio.»

«Si è pentita?»

«Non le pare presto per pentirsi? Mi pentirò tra qualche giorno, forse. O dimenticherò anche io. Come non le avessi detto nulla.»

«Sogna che lui ritorni?»

«L'ho sognato per tanti anni.»

Il privilegio della vecchiaia è che puoi cambiare il passato. Più gli anni passano e meno le persone ricordano quello che è stato. È una nebbia dove si sta benissimo, sono contorni incerti, alle volte ombre, svagate.

«Ricorda il suo primo concerto?»

«Ovvio.»

«Quanti anni aveva?»

«Cinque.»

«Era felice?»

«Non credo.»

«Perché?»

«Avevo paura di sbagliare davanti a mia madre che era in prima fila. Stavamo a Costanza, era tutto giallo, fuori. Avevo freddo, anche alle dita. Pensavo si bloccassero per questo. E tremavo. Dopo la morte di Eva era ancora più freddo, e le dita si sono bloccate veramente.»

«Mi ha detto che la poesia non le piace.»

«Non le ho detto questo. Anzi. La poesia ti porta fuori dal tempo. Per un pianista è importante restare fuori dal tempo, per qualsiasi musicista, ma poi mi sono stancato. O se vuole: mi sono inaridito. Ho passato la vita a combattere contro me stesso perché la mia vita non si inaridisse. La mia vita, non il modo in cui suonavo la musica. Era un travaso: più ero bravo e meno riuscivo a sopportarmi. La musica e la poesia sono due controsensi: ti tolgono ossigeno, ti prosciugano. Per questo dopo la morte di Eva non ho fatto concerti per due anni. Perché il travaso non avvenisse. Dovevo ricostruire la mia vita. Restare in piedi.»

«E poi si è risposato.»

«Non subito. Tre anni dopo.»

«Era felice di risposarsi?»

«E lei era felice di restare fedele a un'ombra?»

«Sì, ero felice.»

«Lo dissi, ad Agnese, che non l'avrei mai amata.»

«E lei?»

«Ne era sollevata. Trovava goffi gli uomini che amano troppo.»
«E l'ha tradita?»
«Accadeva.»
«La rende fiero?»
«Mi rende fiero aver inciso l'integrale delle *Sonate* di Beethoven in quel periodo. Non ho più suonato così bene, dopo.»

Cecilia mi chiede se ceno sempre con il pianista. Rispondo che ceno con lui.
«E di cosa parlate?»
«Di quello che possono dirsi due vecchi.»
«E cosa possono dirsi due vecchi?»
«Storie di futuro» le ho risposto.
Ha un'esitazione. Come fosse preoccupata.
«Vuoi dire che pensate al futuro?»
Rido come non mi capitava da anni.
«Cecilia, i vecchi parlano di futuro per proteggersi, non per fare progetti. È solo un anziano signore. È rimasto vedovo due volte.»
«Emma vuole sapere se anche con lui parli di papà.»
«Gli ho solo detto che avevamo un suo disco.»
Mento.

«La fine di Eva, così drammatica, l'ha spinto a idealizzarla?»
«Eva?»
«Sì.»
«No, mi ha aiutato a staccarmi dalla vita. Ero più folle, prima, più legato alle apparenze. Chi accompagna la sua esistenza con la musica si abitua a vivere con qualcosa che non resta. Quando si suona l'accordo che conclude il brano, poi non rimane niente. Neanche sotto forma di profumo di qualcosa.»
«A me di Amos non è rimasto nulla. Come la musica.»
«Ma voi avevate la poesia.»
«La poesia sceglie. Quando gli amanti si separano, o per-

ché si lasciano o perché uno dei due viene a mancare, i poeti scelgono. C'è chi va con uno e chi con l'altro. I poeti che mi sono rimasti erano miei, ormai. Quelli di Amos non mi parlavano più. Dopo che se ne è andato la vicinanza era quasi impossibile. Ma da subito.»

«E perché non ha cercato un altro uomo?»

«Perché ogni giorno io potessi tenerlo con noi. Con me e le mie figlie. Ma lei non ha figli.»

«Non credo di avere figli.»

«Non ne è sicuro?»

«Come potrei esserne sicuro?»

«Cosa le è rimasto dei suoi anni celebri e...»

«E dissoluti? Intende questo?»

«Intendo questo.»

«Quello che è rimasto a lei.»

«Ma io non ho avuto anni dissoluti.»

«Si sbaglia. L'essere dissoluti è una forma di presunzione. Ma anche il non esserlo del tutto è una forma di presunzione. Siamo stati due presuntuosi. E adesso non ci resta che curarci alle terme.»

«Non suonerà mai più?»

«Se non sarà lei a chiedermelo, no.»

La sera dopo non scendo a cena. Non si dice: «Se non sarà lei a chiedermelo». Mi ha messo a disagio. Non gli domanderò mai di suonare per me, perché dovrei farlo? È uno sconosciuto. Una persona con cui non condivido nulla.

Faccio passare due giorni prima di scendere di nuovo. Lui è rimasto sempre lì, al suo posto, al tavolo per due, dove abbiamo cenato le sere precedenti. Lo potevo osservare dalla finestra.

«Non è scesa per questo?»

«Non sono scesa per tanti motivi. Ma non le chiederei mai di suonare per me.»

«E perché?»

«È troppo intimo.»

«Ho suonato nelle sale da concerto di tutto il mondo. Davanti a un pubblico di cui non sapevo nulla. Lo trova intimo?»

«La musica è sempre intima. Mio marito, spesso, la ascoltava da solo.»

«Non suonerò per lei, se questo la fa stare più tranquilla. Anche se mi piacerebbe, sarebbe il miglior modo di tornare alla tastiera.»

«Émile, la prego, non credo sia il caso.»

«Il caso?»

«Il caso di usare la musica come arma di seduzione.»

«Ma la musica è solo nostalgia. Io da quando ho smesso di suonare mi sento più allegro. Forse aveva ragione mio padre quando diceva che la musica è soltanto un inganno. Ma lui era un uomo di scienza. Studiava le stelle.»

Mia madre diceva che il naso aquilino è segno di intelligenza viva. Amos aveva un naso importante, ma dritto come fosse scolpito. Aveva belle mani, ma non sembravano quelle di un pianista, semmai di un solido falegname. Il mio pianista è tutto uno svolazzo: il naso che va altrove, le mani leggere, e poi quell'eleganza ricercata, leziosa, tutta a righini, nelle camicie, nei foulard al collo per nascondere le rughe, in quegli occhiali con la montatura in osso, nei capelli così bianchi da sembrare tinti, bianchi, almeno, quanto il suo panama.

«Ha visitato la serra?»

«Non ancora.»

«Ah, è bellissima. I finestroni che fanno passare la luce hanno vetri che vengono da tutto il mondo. Il proprietario di questa grande villa lavorava per la Compagnia delle Indie. Ma chissà se è vero.»

«Un inglese?»

«No, un olandese. Non sapeva che qui sotto c'erano sorgenti termali. Morì in miseria, vendette a poco, sommerso dai debiti. E poi si è scoperto questo tesoro.»

«Sono storie che mi rendono triste. Tutte quelle che vanno a finire male non mi piacciono.»
«Ma le vite sono queste.»
«Anche la sua, Émile?»
«La mia prima di Eva?»
«Perché fa questo distinguo?»
«Perché dopo è stato tutto diverso. E non l'ho mai raccontato a nessuno.»
«E perché lo racconta a me?»
«Perché a lei non importa nulla chi io sia stato.»
«Dovrebbe importarmi?»
«Come faccio a dirglielo? Dovrebbe, forse sì.»
«Le piaceva suonare per il pubblico. Era felice ai concerti?»
«Ero innamorato della musica. Si è felici quando si è innamorati?»
«Certo che sì.»
«Non si è mai del tutto felici quando si è innamorati. Si ha paura di perdere l'amato. È uno squilibrio. Anche suonare in pubblico è uno squilibrio. Ogni nota potrebbe essere eseguita meglio. Ogni applauso prevede che avresti potuto essere più bravo.»
«Un po' di gioia non riesce a provarla?»
«Potrei girare la stessa domanda a lei.»
«Io sono stata abbandonata: o da lui, o dal destino, o da entrambi.»
«Lei si è affezionata all'assenza.»
«Non lo dica neanche.»
«E perché?»
«Perché non è vero. Lei invece si è compiaciuto della sua celebrità. Ma dentro di sé pensava di non meritarla.»
«Glielo concedo. Non pensavo di meritarla. Poi la mattina di Eva ho scoperto il silenzio. E da allora è stato un dramma. La tentazione del silenzio è stata irresistibile. Non c'era musica che potesse superarlo. Ogni volta che prendevo a suonare rimpiangevo il silenzio. Le posso fare una confidenza?»

«Ancora una?» chiedo. «Va bene, ma non sia seduttivo. Mi mette a disagio.»

«Ho smesso di suonare perché a un certo punto ho preso a detestare la musica.»

«Come si può detestare la musica?»

«Come si detesta l'amore. Con l'amore vorresti una tregua dai sentimenti. Mentre con la musica chiedi di essere avvolto dal silenzio. Potrei continuare a suonare. Ma non ne ho più voglia.»

«Come si detesta l'amore.» La sera in camera mi ripeto questa frase. Cos'è una tregua dai sentimenti? È un controsenso. Con Amos non è mai stato così. I sentimenti erano persistenti, tenaci. O magari no, ero io che volevo questo.

Il pomeriggio dopo vado alla serra. Lui mi accompagna, per mostrarmi i vetri provenienti da tutto il mondo.

«Ci ho pensato, Émile.»

«A cosa?»

«A quella sua frase, che si detesta l'amore. L'amore è un racconto, una storia. L'amore è un'educazione, persino. L'educazione sentimentale.»

Mi sorride, amaro: «Ne è certa?».

«Per me è stato questo.»

«E quando è stato? Quando c'era suo marito?»

«Anche quando non c'era più.»

«Non le credo. La fedeltà a quell'amore, a sé stessa, non è mai una virtù, non è mai una disciplina. È stata un'arroganza che ha tolto la parola a tutti. Se lei è così perfetta, nessuno avrà il diritto di farle cambiare idea.»

«Arroganza?»

«Certo, arroganza. Restare fedele a sé stessa le ha impedito ogni possibilità di vedere il rovescio delle cose. Quello che si nasconde a tutti. E non mi dica che lei non ha nulla da nascondere. Perché non le crederei.»

«Mi chiedo perché le permetto di dirmi questo.»

«Perché sa che ho ragione.»
«Lei è presuntuoso.»
«È vero.»
«Un uomo piegato dai rimorsi. Avaro di sentimenti. Che è arrivato a odiare la musica. Con un privilegio di talento che ha cancellato. E che crede di poter insegnare al mondo.»
«Anche lei lo ha creduto e lo crede.»
«E lei come può saperlo?»
«Lo so perché, come mi ha appena ricordato, sono presuntuoso.»
«Cosa suonava a Eva?»
Mi guarda con quei suoi occhi liquidi, sbiaditi d'azzurro. Senza rispondere.

È un sollievo finire i trattamenti e potermi sottrarre, senza sottrarmi, a quei dialoghi con Émile.
È Emma, accompagnata da Francesco, a venirmi a prendere. E io ieri sera non ho avvertito Émile che stamattina sarei partita. Quando mi vede con la valigia si avvicina stupito. Si presenta a Emma e Francesco e mi dice che è stato un piacere godere della mia compagnia, seppure per pochi giorni. Penso che in un modo misterioso mi abbia aiutata, ma non saprei dire come.
Emma lo guarda ammirata. Sono sicura che sta pensando che è un uomo affascinante, ancora bello da vecchio.
Francesco in macchina ci dirà poi che Peter Brook ha girato un documentario sulla sua vita. Io ripenso a Eva, caduta nel vuoto del tempo, lo stesso vuoto di Amos, e al silenzio, alla vanità, alla mia arroganza.
Nel momento di congedarsi Émile mi chiede se può ancora confessarmi una cosa.
«Quel brano, quello che voleva ascoltare Eva al pianoforte, vuole sapere qual era?»
«Se le fa piacere.»
«Forse dirglielo è giusto. L'ultima composizione di Chopin,

la *Mazurka* in Fa minore. Ecco, ora gliel'ho detto. Ogni volta Eva me la chiedeva sempre un po' più lenta. E ogni volta diventava più bella.»

«Torni a suonare, Émile.»

«Come potrei promettergliela?»

«Deve.»

«E allora accetti questo biglietto. C'è il mio numero e il mio indirizzo di Ginevra.»

Esito.

«La prego, lo prenda, lo tenga con sé. Si dia il tempo per decidere.»

22

Pochi giorni dopo il mio ritorno dalle terme Cecilia è venuta a trovarmi a casa e ha letto il biglietto che Émile mi aveva lasciato. Lo avevo dimenticato sul tavolino del soggiorno.

«Ginevra deve essere una bella città» mi dice scherzosa, quasi compiaciuta.

«Sì, ma non per me.»

Scuote la testa. Come sapendo che avrei risposto in quel modo. Poi, come volendo liberarsi da un peso di anni, mi dice: «Per noi papà è uno sconosciuto, il tuo considerarlo vivo e capace di tornare ti ha fatto rinviare ogni discorso su di lui. Tanto, ci dicevi, tornerà e ci spiegherà, verrà e racconterà a noi figlie chi è stato, cosa pensa, il senso di quell'assenza».

È arrivato il momento di respirare, di trovare una strada e di avere il coraggio di imboccarla. Quella strada che mi sono sempre rifiutata di percorrere. Poi non è che le cose avvengono in modo così repentino, non dico che non ci siano oscillazioni, ripensamenti, anche scaramanzie. Perché ho vissuto di mille paure: se smetto di aspettarlo lui davvero morirà, se non penso ogni giorno che lui c'è, lui non tornerà. Non dico che ho reinventato un passato, questo no: dico che con gli anni non ho più il privilegio della memoria. E quando fatico a mettere assieme i ricordi, finisce che li riempio di altro.

Ricordo a Francesco di quella volta che Amos corresse la traduzione di una battuta del *Lutto si addice ad Elettra* di Eugene O'Neill che lui stava mettendo in scena. Mentre assisteva alle prove, Amos obbiettò che non restituiva il vero significato.

Francesco mi risponde che non è mai accaduto: «Amos non poteva esserci alle prove di quello spettacolo. L'ho messo in scena nel 1997, al Teatro Argentina, a Roma...».

«Ma io lo ricordo.»

«Non puoi ricordarlo, non c'eri.»

«Invece ricordo quelle parole di O'Neill in bocca ad Amos.»

«Quali?»

Vado a cercarle in un'edizione che tenevo in libreria.

«Mi sembra verso la fine. Eccole, è Mannon che parla: "E allora tutti gli anni del nostro matrimonio riaffioravano alla mia memoria, cercavo di guardarli. Niente era chiaro, solo una specie di muro tra noi due che ci nascondeva a vicenda...".»

Francesco termina la battuta: «"Mi sono sforzato di scoprire cosa fosse quel muro, ma non ci sono mai riuscito"». Scuote la testa ma cerca di rassicurarmi: «Stai diventando una scrittrice, Anna. Hai fatto dire ad Amos le parole di Mannon. E lo posso capire. Prima o poi racconterai la tua vita. E sarà un libro fatto di libri e di memoria. Ad Amos piacerebbe».

«Non ne sono capace. Però hai ragione, forse ad Amos piacerebbe.»

Comincio a non ricordare bene, solo le parole dei libri restano nitide nella mia mente. Adesso sono io a non riconoscere più la strada per tornare, a non avere strade per andare avanti.

Eppure, quando la mattina mi sveglio nella nostra stanza, ho ancora la forza di pensare a un futuro con lui. La luce dell'alba mi dice che il tempo è fermo, e che potrebbe mettersi in moto all'improvviso. È soltanto colpa mia se non sono riuscita a raccontare alle mie figlie chi fosse il loro padre. Ma devo rassegnarmi ad ammettere che questo stare in un presente sospeso, dentro troppe speranze, viene dal fatto che di lui non ho mai saputo abbastanza, perché del suo passato non parlava volentieri, e qualche volta neppure del presente.

Mi sono sforzata di scoprire cosa fosse quel muro, ma non ci sono mai riuscita.

Rileggo *Il grande Gatsby* dopo tanti anni. Non ricordavo più la frase finale: "Così continuiamo a battere l'acqua, barche controcorrente, risospinte senza posa nel passato". Devo raccontare a Emma che queste parole sono sulla lapide di Francis e della moglie Zelda: sepolti assieme nel cimitero della chiesa cattolica di Saint Mary. Sembra sia stata la figlia Scottie a scegliere le ultime parole del romanzo del padre da incidere sulla lapide.

Mi chiedo se un giorno io e Amos verremo sepolti assieme. Per me decideranno Emma e Cecilia. Queste parole le sento mie, sono la mia acqua, la mia barca: e ogni volta che provo a remare in avanti, la corrente mi riporta indietro, là, dove stavo con lui.

Ogni sabato Francesco e Giulia vengono a pranzo. Stefano esce sempre meno.

La città mi sembra straniera. Non conosco più nessuno, a parte qualche vecchio cliente della libreria. Sono passati più di quarant'anni e sono in pochi quelli che si ricordano di Amos. Dicono che l'elaborazione del lutto sia un percorso incoerente, contraddittorio. Fai un passo avanti, e ti blocchi su quello successivo. Ti ritrovi a dover ricominciare, e non sai neppure bene in che modo. È un terreno che frana. Poi viene la primavera, sugli alberi spuntano i nuovi germogli, mescoli ricordo e desiderio, e tu resti lì, a chiederti se stai elaborando, se ci sarà un momento per lasciarti il dolore alle spalle.

Ho detto a Emma e Cecilia di comprare due posti al cimitero, vicini: uno per me e uno per lui. La data della morte presunta, per legge, deve essere quella dell'ultima volta che abbiamo avuto sue notizie.

È la data di quel giorno a Roma, del pomeriggio in cui sparì: l'8 novembre 1976. La mia sarà quando accadrà. Darò alle ragazze una poesia, anche un verso soltanto, da mettere sulle nostre lapidi.

Sulla strada che porta alla libreria c'è un fiume immaginario che devo guadare. In realtà si tratta di un largo viale con le strisce pedonali e senza il semaforo. Spesso è trafficato. Lo attraversavo sottobraccio ad Amos, alle volte correndo, per evitare qualche automobile che non accennava a rallentare.

Ora esito, guardo più volte. Attraverso con lentezza, tenendo le mani alzate in direzione delle macchine che si avvicinano. Mi faccio vedere, li avverto della mia stanchezza.

Ora in libreria mi accompagna Cecilia, passa a prendermi, apriamo assieme. Ogni tanto vado nel retro, dove c'è la scala di legno. Guardo i libri di un tempo, quelli che ordinava Amos. Ho trovato un'edizione, con la copertina rovinata, del *Cantico dei Cantici* tradotto da Guido Ceronetti. Andava resa, ma lui la tenne: è del 1975. C'è una sottolineatura a matita su questo verso: "Il Desiderio è spietato come il Sepolcro".

So ancora riconoscere il suo modo di sottolineare.

Le ragazze dicono che non posso più vivere da sola. Vogliono che io scelga di andare ad abitare con una di loro. Emma insiste, anche perché Emanuele dividerà presto un appartamento con la fidanzata. Chiedo loro cosa faremo di queste mie stanze.

«Questo devi deciderlo tu. Dobbiamo risistemarla» mi dice Emma.

«Cecilia può stare da me, ma perché risistemarla?»

«Perché non vuole vivere con tutte quelle cose, gli armadi, gli oggetti...»

«Di papà?»

«Di papà.»

«E cosa facciamo, li buttiamo?»

«Ma no, don Silvano da tempo raccoglie vestiti, ce n'è bisogno. E sul resto poi vediamo.»

Sto per chiedere: "E se lui torna? Non trova neppure una giacca?". Ma non lo faccio. Devo essere arrossita pensandolo. Emma lo capisce.

«Dovesse tornare, mamma, non gli andrebbero più bene quei vestiti. Avrebbe ottant'anni. Sarebbe più esile, o magari più grasso.»

«Lo sai che non tornerà» rispondo a Emma, «la vita se ne sta andando senza voltarsi.»

Sono tutti sollevati che io sia giunta a uno stadio dell'esistenza dove i dolori del corpo cominciano a essere troppi, ma quelli della mente si attutiscono. La vecchiaia è saggezza. Ma la saggezza è una trappola. Speri di raggiungerla e quando arriva ti accorgi che ti guarisce, è vero, ma non toglie i rimpianti.

È accaduto una mattina. Mi sono svegliata, ho guardato la parte del letto dove ha dormito per sei anni e ho pensato: "Non ci sarà mai più". Quel 23 novembre 2019 è stata la cerimonia dell'addio: il tempo si è ritirato dal mio sangue ed è arrivato il rimpianto, tutto assieme.

Ora dicono che sono consapevole, risolta, pacificata con me stessa. Ma è soltanto sazietà per difetto. Perché il dolore non è mai lo stesso.

«Devo trovare i versi.»

«Di quali versi parli?»

«Quelli per le lapidi.»

«Mamma, non c'è tutta questa fretta.»

Chiedo a Emanuele di aiutarmi a sistemare i classici greci e latini sul primo scaffale e a spostare in alto, dove non sono più capace di arrivare, i libri di Amos, i libri dei poeti. Ora il mio salotto sembra più vecchio, con i dorsi di edizioni che non esistono più, con il dizionario di greco comprato con i risparmi del nonno.

Scelgo Platone, il volume delle opere dove c'è il *Simposio*. Ho discusso la tesi di letteratura greca sul *Simposio* di Platone. In questi anni non lo avevo mai riletto. Eppure, avrei potuto cercare proprio nel *Simposio* i segni di quello che non ero stata più capace di essere. Prendo la mia vecchia edizione, sembrava attendermi. Proprio ora, che non ho più nulla da chiedere.

"E coloro che trascorrono assieme tutta la vita sono individui che non saprebbero neppure dire cosa vogliono ottenere l'uno dall'altro. Nessuno invero potrà credere che si tratti del contatto dei piaceri amorosi, ossia che in vista di ciò l'uno si rallegri di stare vicino all'altro, con uno slancio così grande: è evidente, al contrario, che l'anima di entrambi vuole qualcos'altro, che non è capace di esprimere; di ciò che vuole, piuttosto, essa ha un presentimento, e parla per enigmi."

Quando Platone dice che l'anima parla per enigmi e vive di presentimenti, capisco che avrei dovuto interrogare i classici. Man mano che sono passati gli anni, i ricordi intensi si sono fatti flebili mentre quelli vaghi hanno preso colore e nitidezza e non me lo sarei aspettata. Quando sei giovane pensi che la vita ti conserverà nella mente e nel corpo tutto quello che hai vissuto di importante e si perderanno soltanto i dettagli, le scene minori, i colori più tenui. E invece non è stato così: non ho memoria del sesso assieme ad Amos. All'inizio il ricordo del piacere era nei gesti, in quello che accadeva, ma non nel piacere in sé. Il piacere lo dimentichi subito, per questo cerchi sempre di rinnovarlo.

Ma poi sfumano anche quei gesti, quei movimenti; come in un affresco antico ci restano dettagli scelti dal caso: una mano, il lembo di un vestito, un albero, un accenno di architettura. Oggi anche quei frammenti, a furia di sbiadire, sono spariti. Il corpo di Amos non esiste più, il suo corpo nudo, il suo sesso, fa tutto parte dell'enigma che non so sciogliere.

La mattina che Emma e Cecilia vanno in tribunale io entro in camera da letto. Guardo l'armadio che aveva scelto Amos: a me non piaceva, troppo bianco, senza un intarsio, un disegno. Lui aveva vissuto in una casa antica e qualsiasi ornamento non lo lasciava respirare. Così comprammo questo grande armadio moderno. Fu costruito su misura e quasi scompariva dentro la nicchia creata nella parete. Nella penombra non sembrava neppure un armadio ma la prosecuzione del muro. Anche i vestiti di Amos parevano dimenticati dentro quell'arredamento moderno. Mi dico che dev'essere per questo che ho sopportato quel mobile per tutti questi anni.

Nelle settimane successive alla scomparsa di Amos, avevo spostato i miei vestiti nell'armadio delle bambine che era quasi vuoto. Ed è lì che sono rimasti: dietro quelle ante arancioni e blu che coloravano la stanza.

Comincio, da sinistra verso destra, dai cappotti e dagli impermeabili di Amos: molti nuovi, poco indossati, di buona qualità. Mi dico che dovrei avvertire Emma: magari a Emanuele potrebbero andare bene. Ma poi decido che il momento è davvero arrivato. Pian piano il mio letto si riempie di giacconi, e poi di vestiti, molti vestiti, e maglioni, pantaloni, giacche, cravatte. Arrivo alle mutande, agli slip che si portavano allora, alle calze di lana, persino ai calzini corti: non so perché li avesse, doveva aver sbagliato a comprarli. Ora mi resta la scarpiera. Possedeva almeno trenta paia di scarpe, ma la scarpiera sta nel ripostiglio grande, e molte altre, ancora nelle scatole, sono sul soppalco. Non mi fido più di salire sulla scala, chiederò a Emma di aiutarmi.

Quando ho finito, guardo il letto. C'è tutto quello che Amos ha indossato in quegli anni. Vado nell'ingresso dove c'è il telefono nero, quello vecchio a ghiera che funziona ancora. Compongo il numero. Aspetto che qualcuno risponda, e in un certo senso spero che lo faccia Amos. Sono consapevole che è impossibile. Chiamo il parroco della chiesa.

«Domani nel pomeriggio le andrebbe bene?»

«No, vorrei fosse ora: glielo chiedo come un favore personale.»

Tornano tardi dal tribunale. Per la verità torna soltanto Emma. Cecilia è andata in libreria. Sapevo che sarebbe stato così. Potrei descrivere l'espressione di Cecilia: non sarebbe stata capace di nascondere la tristezza. Sono certa che è stata Emma a pregarla di non venire da me.

Emma non sa che i vestiti di Amos non ci sono più. Ai ragazzi ho chiesto di salire sul soppalco e di portare via anche le scarpe. E come ultima cosa la valigia di Roma, con tutto quello che c'era dentro, che non ho più aperto dal giorno del mio ritorno. L'ho indicata ai ragazzi.

«Anche quella...»

Pensavano fosse vuota.

«Portatela via così» ho aggiunto.

Entrando in casa, Emma mi saluta a malapena: va in cucina per bere un bicchiere d'acqua. La seguo in silenzio, non le chiedo nulla, le scivolo accanto con timidezza. I dolori dei figli sono anche i tuoi dolori, li senti addosso. Emma aveva creduto di poter entrare in questa casa come se quel documento in tribunale fosse soltanto una mera formalità in un giorno qualsiasi. Ma ora sta cercando di non commuoversi e di non parlare, perché la sua voce uscirebbe spezzata. So che se provassi a sfiorarla, a trattenerla, a cercare di regalarle una carezza, mi respingerebbe.

«Emma, ho trovato i versi. Non è un libro che apparteneva a papà. Li farai incidere sulla mia lapide?»

«Sì, ti prometto che lo farò, il giorno più lontano possibile.»

«Quelli per tuo padre te li darò domani. Li devo cercare in un libro di Dylan Thomas.»

Questa sera il sonno mi prenderà presto, è la mia stanchezza di questi anni. Il tempo porterà neve. Mi piace la neve: è fragile come uno specchio.

23

Cecilia ed Emma, mie care,

ho trovato i versi che voglio per la mia lapide. Poi cercherò quelli per vostro padre.

La neve traccia linee, crea mulinelli nell'aria bianca. Davanti alla finestra ci sono due ragazzi che ballano nel silenzio. Lui sembra vostro padre nelle foto di quando era ragazzo. Lei assomiglia a un'attrice francese di cui non ricordo il nome, ha gli stessi capelli. Se non fossi sveglia direi che si tratta di un sogno. Fa molto freddo, li ho salutati da dietro il vetro, con un cenno della mano.

Ho scelto dei versi semplici. Dicono:

Ho saputo amarti,
Non sapendo morire?

Cosa ne pensate, mettiamo l'autore? O lasciamo così, che in questo modo possono appartenere a chiunque li legga? Decidete voi. Nel caso, l'autore è Yves Bonnefoy.

Ora è meglio che vada a dormire. Anche se la neve che scende è ogni istante più bella, e se potessi starei sveglia tutta la notte. Domani mi piacerebbe andare a vedere la spiaggia coperta di neve.

Ma ormai il mare mi sembra così lontano.

P.S. Mi sveglio di continuo. Quei due ragazzi non ci sono più. Restano le loro impronte: sono una girandola, un vortice, un disegno. Aspetto che la neve le ricopra e poi tornerò a letto.

Nel dormiveglia mi sono ricordata di una poesia di Dylan Thomas che piaceva a vostro padre.

Non andartene docile in questa buona notte,
Vecchiaia dovrebbe ardere e infierire.
Quando cade il giorno;
Infuria, infuria contro il morire della luce.

Se è troppo lunga possiamo mettere soltanto il primo verso: non andartene docile in questa buona notte.

24

Il funerale si è tenuto sotto la neve. È stata una cerimonia breve. Tutto era bianco, anche le punte del cancello, i roveti spogli. Non ci sono state parole, poesie preferite, ricordi, discorsi, tantomeno musica. Anna non li avrebbe voluti.

La neve sembrava volesse coprire la terra, l'universo, come se l'ultima ora fosse scesa su tutti, vivi e morti.

Le due lapidi, quella di Amos e quella di Anna, una vicino all'altra, erano ancora provvisorie. Non avrebbero messo fotografie. Non c'era un'immagine che li ricordasse meglio di quei versi. Non c'era un tempo da fermare nel ricordo di un volto. Le fotografie non dicono mai la verità.

«Davvero non volete le foto?»

Cecilia ha scosso la testa: «I nomi, i versi, nient'altro. Non vogliamo le date». Tutti, in quel momento, hanno capito che Anna e Amos erano nati lo stesso giorno e morti lo stesso giorno. Come fosse stata un'unica vita.

25

Non ho fatto in tempo a far leggere queste pagine a Federica ma forse è il romanzo che più di tutti avrei voluto conoscesse, e dico *conoscesse* perché non si tratta di leggere, ma si tratta di entrare nel disegno di questa storia, varcare una delle sue porte e immergersi nei pensieri dell'assenza. Nostro figlio Andrea lo ha scritto: "Mi sono domandato quando è che inizia la vita e ho scoperto quando è che finisce. Ma non ho scoperto perché finisce". Nostro figlio Francesco, a Otranto, ha parlato alla cerimonia funebre. Parole dette, che restano soltanto come voce e che qui non posso e non voglio riportare.

Rimane quella dedica su un mio vecchio romanzo, come una pietra angolare: parla di quel giorno che Federica e io eravamo a Parigi, a rue Saint-André des Arts, il 27 maggio del 2005. Un fioraio vendeva peonie, di tutti i colori. Erano così belle. Federica le avrebbe comprate tutte. Da allora non sono più tornato a Parigi. Quella, tra le mille possibili, è l'immagine più forte che ho di lei, con il grande mazzo di peonie che sembrava una promessa di futuro.

Ci voleva un romanzo per questo addio. Chandra dice: "La morte di qualcuno riscrive tutte le relazioni con quelli che restano". E poi si chiede: "Che cosa resta?". Resta la strada che lambisce queste pagine: è un sentiero stretto, con un disegno sempre più riconoscibile, un vento che accompagna i pensieri di tutti e li tiene assieme.

Federica è morta a casa, a Otranto, il 14 agosto 2022. Erano le due e quindici del mattino. Il cancro, dice il mio psicoanalista, non è una malattia ma è un disordine biologico. E lei non si è mai sentita malata, fino all'ultimo giorno.

Gabriel García Márquez scriveva in *Cent'anni di solitudine* di mormorii di gerani antichi, di sospiri, di delusioni anteriori alle nostalgie più tenaci. Federica ha scelto di rimanere in questo mare, come Anna che insegue quelle onde che si spezzano al largo e non riescono ad arrivare a riva. Noi cerchiamo una strada, seguendo le tracce di quella bicicletta sulla sabbia, che si interrompono troppo presto e nascondono l'origine.

Ma nel passato, quelli che ami non muoiono.

Roma, 19 aprile 2023

Opere citate

Le citazioni alle pagg. 7 e 161 sono tratte da Chandra Candiani, *Questo immenso non sapere*, Einaudi 2021.

La citazione a pag. 13 è tratta da Yves Bonnefoy, *Quel che fu senza luce. Inizio e fine della neve*, trad. di Davide Bracaglia, Einaudi 1991.

Le citazioni alle pagg. 26 e 152 sono tratte da *Il Cantico dei Cantici*, trad. di Guido Ceronetti, Adelphi 1975.

La citazione a pag. 46 è tratta da Eugenio Montale, *Ex voto*, in *Tutte le poesie*, I Meridiani, Mondadori 2012.

La citazione a pag. 47 è tratta da Eugenio Montale, *I limoni*, in *Tutte le poesie*, I Meridiani, Mondadori 2012.

Le citazioni a pag. 52 sono tratte da Italo Calvino, *Il castello dei destini incrociati*, Einaudi 1973.

La citazione a pag. 53 è tratta da Italo Calvino, *Collezione di sabbia*, Oscar Moderni, Mondadori 2017.

La citazione a pag. 56 è tratta da Samuel Beckett, *L'ultimo nastro di Krapp*, trad. di Carlo Fruttero, Einaudi 1994.

Le citazioni a pag. 58 sono tratte da Omero, *Odissea*, trad. di G. Aurelio Privitera, Fondazione Lorenzo Valla/Mondadori 2016.

La citazione a pag. 59 è tratta da Catullo, *Le poesie*, trad. di Francesco Della Corte, Fondazione Lorenzo Valla / Mondadori 1977.

La citazione a pag. 61 è tratta da Ingeborg Bachmann, *All'ombra della vite*, in *Invocazione dell'Orsa Maggiore*, a cura di Luigi Reitani, Mondadori 1999.

La citazione a pag. 63 è tratta da Sofocle, *Edipo re*, traduzione dell'autore.

La citazione a pag. 67 è tratta da William Shakespeare, *Riccardo III*, traduzione dell'autore.

Il riferimento al "mare color del vino" a pag. 106 è tratto da Leonardo Sciascia, *Il mare color del vino*, Adelphi 2011.

La citazione a pag. 110 è tratta da Wisława Szymborska, *La memoria finalmente*, in *Opere*, trad. di Pietro Marchesani, Adelphi 2008.

La citazione a pag. 122 è tratta da Thomas S. Eliot, *La terra desolata*, in *Opere (1904-1939)*, trad. di Roberto Sanesi, Bompiani 1992.

La citazione a pag. 123 è tratta da Franz Kafka, *Lettere*, a cura di Ferruccio Masini, I Meridiani, Mondadori 1988.

La citazione a pag. 126 è tratta da Julian Barnes, *Livelli di vita*, trad. di Susanna Basso, Einaudi 2013.

La citazione a pag. 134 è tratta da Leonardo da Vinci, *Scritti letterari*, Rizzoli 1974.

La citazione a pag. 135 è tratta da Eugenio Montale, *Incantesimo*, in *Tutte le poesie*, I Meridiani, Mondadori 2012.

Le citazioni a pag. 150 sono tratte da Eugene O'Neill, *Il lutto si addice ad Elettra*, trad. di Bruno Fonzi, Einaudi 1974.

La citazione a pag. 151 è tratta da Pietro Citati, *La morte della farfalla*, Adelphi 2006.

La citazione a pag. 154 è tratta da Platone, *Simposio*, trad. di Giorgio Colli, Adelphi 1979.

La citazione a pag. 159 è tratta da Dylan Thomas, *Poesie e racconti*, Einaudi 1996.

Certificato PEFC
Questo prodotto è realizzato con materia prima da foreste gestite in maniera sostenibile e da fonti controllate
PEFC/18-32-03
www.pefc.it

Mondadori Libri S.p.A.

Questo volume è stato stampato
presso ELCOGRAF S.p.A.
Stabilimento - Cles (TN)

Stampato in Italia - Printed in Italy